国外国防科技年度发展报告（2021）

军用电子元器件领域科技发展报告

JUN YONG DIAN ZI YUAN QI JIAN LING YU KE JI FA ZHAN BAO GAO

国家工业信息安全发展研究中心

国防工业出版社

·北京·

图书在版编目（CIP）数据

军用电子元器件领域科技发展报告/国家工业信息安全发展研究中心编著．—北京：国防工业出版社，2023.7

(国外国防科技年度发展报告．2021)

ISBN 978-7-118-12942-7

Ⅰ.①军… Ⅱ.①国… Ⅲ.①军用器材–电子元器件–科技发展–研究报告–世界–2021　Ⅳ.①TN6

中国国家版本馆 CIP 数据核字（2023）第 117830 号

军用电子元器件领域科技发展报告

编　　者	国家工业信息安全发展研究中心
责任编辑	汪淳
出版发行	国防工业出版社
地　　址	北京市海淀区紫竹院南路 23 号　100048
印　　刷	北京龙世杰印刷有限公司
开　　本	710×1000　1/16
印　　张	13
字　　数	142 千字
版 印 次	2023 年 7 月第 1 版第 1 次印刷
定　　价	92.00 元

《国外国防科技年度发展报告》(2021)编委会

主　　任　耿国桐

委　　员（按姓氏笔画排序）

王三勇　王家胜　艾中良　白晓颖
朱安娜　李杏军　杨春伟　吴　琼
吴　勤　谷满仓　张　珂　张建民
张信学　周　平　殷云浩　高　原
梁栋国

《军用电子元器件领域科技发展报告》

编 辑 部

主　　编　黄　锋
副 主 编　李耐和

编　　辑（按姓氏笔画排序）

李茜楠　李铁成　张朋辉

《军用电子元器件领域科技发展报告》

审稿人员

蒋　艳　赵正平　喻松林　李　季
金伟其　陈　岚　赵小宁　潘　攀
亢春梅

撰稿人员（按姓氏笔画排序）

亢春梅　李茜楠　李耐和　李铁成
张朋辉　寇建勇　潘　攀

编写说明

科学技术是军事发展中最活跃、最具革命性的因素，每一次重大科技进步和创新都会引起战争形态和作战方式的深刻变革。当前，以人工智能技术、网络信息技术、生物交叉技术、新材料技术等为代表的高新技术群迅猛发展，波及全球、涉及所有军事领域。智者，思于远虑。以美国为代表的西方军事强国着眼争夺未来战场的战略主动权，积极推进高投入、高风险、高回报的前沿科技创新，大力发展能够大幅提升军事能力优势的颠覆性技术。

为帮助广大读者全面、深入了解国外国防科技发展的最新动向，我们以开放、包容、协作、共享的理念，组织国内科技信息研究机构共同开展世界主要国家国防科技发展跟踪研究，并在此基础上共同编撰了《国外国防科技年度发展报告》（2021）。该系列报告旨在通过跟踪研究世界军事强国国防科技发展态势，理清发展方向和重点，形成一批具有参考使用价值的研究成果，希冀能为实现创新超越提供有力的科技信息支撑。

由于编写时间仓促，且受信息来源、研究经验和编写能力所限，疏漏和不当之处在所难免，敬请广大读者批评指正。

军事科学院军事科学信息研究中心

2022 年 4 月

前 言

军用电子元器件在新军事变革与武器系统信息化、智能化发展中发挥着极为重要的作用,发达国家已将电子元器件视为重要战略资源,积极推动电子元器件技术特别是前沿技术的发展,以维持或加大武器系统技术的"代差"优势,掌握未来战争主动权。为帮助广大读者全面、深入地了解军用电子元器件技术发展的最新动向,我们联合中国电子科技集团第十一研究所、第十二研究所、第十三研究所、第四十九研究所等有关单位研究人员,共同编撰了《军用电子元器件领域科技发展报告》。

本书由综合动向分析、重要专题分析、附录构成。综合动向分析部分对2021年军用微电子、光电子、真空电子、传感器、电能源、抗辐射加固等元器件重点领域技术发展情况进行了分析和研究;重要专题分析部分对13个元器件重点和热点问题进行了比较深入的分析和研究;附录部分对2021年军用电子元器件领域重大或重要事件进行了简述。

尽管参加编撰的人员做了努力,但由于时间紧张,同时受公开信息资源及研究经验和水平的限制,错误和疏漏之处在所难免,敬请广大读者批评指正。

编者

2022 年 5 月

目 录

综合动向分析

2021 年军用电子元器件领域科技发展综述 ………………………………… 3
2021 年微电子器件技术发展综述 …………………………………………… 11
2021 年光电子器件技术发展综述 …………………………………………… 30
2021 年真空电子器件技术发展综述 ………………………………………… 45
2021 年传感器技术发展综述 ………………………………………………… 50
2021 年电能源技术发展综述 ………………………………………………… 63
2021 年抗辐射加固器件技术发展综述 ……………………………………… 78

重要专题分析

美国着眼大国竞争谋划半导体产业战略布局 ……………………………… 85
美国持续出台政策措施，确保军用电子元器件安全可控 ………………… 91
2021 年国外集成电路科技发展热点分析 …………………………………… 97
英国研制出全球首个 32 位柔性微处理器 ………………………………… 103
DARPA"自动实现应用的结构化阵列硬件"项目分析 …………………… 108

金刚石半导体材料发展现状分析 ……………………………………… 116
美国 IBM 公司发布首个 2 纳米芯片制造工艺 ………………………… 120
澳大利亚开发出目前世界最快的光学神经形态处理器 ………………… 125
美国开发出世界最节能的高速模数转换器微芯片 ……………………… 130
美国开发出"存算一体"深度神经网络系统 …………………………… 134
美国白宫发布半导体制造和大容量电池供应链审查报告 ……………… 139
美国发布《美国国家半导体技术中心愿景》白皮书 …………………… 144

附录

2021 年军用电子元器件领域科技发展十大事件 ……………………… 155
2021 年军用电子元器件领域科技发展大事记 ………………………… 165
2021 年军用电子元器件领域战略规划 ………………………………… 180
2021 年军用电子元器件领域重大项目清单 …………………………… 181
2021 年军用电子元器件领域人物画像 ………………………………… 185

ZONGHE
DONGXIANGFENXI

综合动向分析

2021 年军用电子元器件领域科技发展综述

2021 年，军用电子元器件领域科技发展十分活跃，在新材料、新工艺、新技术进步推动下，微电子、光电子、真空电子、电能源、抗辐射加固等重点领域元器件水平不断提高，将进一步提高武器系统的战技性能，更好地满足未来军事需求。

一、微电子器件领域

微处理器向多功能、高性能、智能化、低功耗、柔性化方向发展。多功能集成方面，在 DARPA "电子复兴计划"支持下，美国斯坦福大学开发出存算一体深度神经网络系统，适合类脑计算、虚拟现实、智能系统，有助于推动军事装备智能化发展。美国英伟达公司研制出首款面向人工智能应用的数据中心 CPU 产品，其兼具自然语言处理和人工智能超级计算功能，有望在超级计算机制造、气象预测和科学模拟等领域得到应用。高性能方面，DARPA 启动"自动实现应用的结构化阵列硬件"项目，旨在发展现场可编程门阵列设计向专用集成电路设计自动转换技术，进一步提高军用集成电路研发能力和性能水平。智能化方面,澳大利亚展示世界上速度最快的人工智能光学神经形态处理器,其运算速度11.32万亿次/秒,比之前处理器快1000倍以上,将加快人工智能技术的应用。低功耗方面,美国开发出世界功耗最低的高速模数转换器芯片,其在10吉赫超宽带无线通信中功耗仅21毫瓦,比当前主流模数转换器功耗低两个量级,转换能效创下新的世界纪录。柔性化方面,英国研制出全球首个32位柔性微处理器,最小弯曲半径3毫米,为武器系统研制提供更大灵活性。

新一代存储器存储速度和容量继续提升。美国开发出超快、低能耗、柔性相变存储芯片,可用于大型数据中心,将推动相变存储器应用。英国利用石墨烯制造出超高密度抗磨损机械硬盘,存储能力较传统硬盘大幅提升。韩国开发出包含铁电NAND闪存的高速3D存储器,性能远超常规闪存及钙钛矿铁电存储器。西班牙开发出光学非易失性铁电存储器,有望用于神经形态视觉系统中。

宽禁带半导体器件性能大幅提升,应用范围持续拓展。美国开发出750伏系碳化硅场效应晶体管系列产品,有望应用于电动汽车等领域。德国开发出可在低压环境工作的氮化镓集成电路,实现效率和安全性的平衡,便于日常应用。瑞士推出45瓦和150瓦全新氮化镓器件,具有优化的高压栅极驱动器和安全保护电路,解决了栅极驱动器和电路布局设计的难题。

先进电子材料技术进一步发展,将加速微电子器件性能升级。美国开发出全新共价有机框架电介质材料,可用于制造尺寸更小的芯片。德国研制出新型光敏材料,能够通过直接激光刻写技术制造出高导电性微电子器件。西班牙和德国在室温下制造出二维材料自旋场效应晶体管,有望实现节能型自旋逻辑器件。

集成电路制造工艺获得突破,芯片性能得到大幅提升。美国发布世界首个 2 纳米芯片制造工艺，芯片集成度高达 3.33 亿个晶体管/毫米²，将更好地满足未来军民领域高端芯片需求。美国展示全球首个 300 毫米互补金属氧化物半导体金刚石晶圆，将大幅提升集成电路性能。

二、光电子器件领域

激光器性能进一步提升，将更好地满足应用需求。英国交付工作波长 894 纳米单模垂直腔面发射激光器，可为关键基础设施服务提供精确计时。韩国研制出 57.8 吉赫超快脉冲激光器，有望大幅提高通信数据传输速率。美国正在推进 3000 万亿瓦"宙斯"激光器运行，预计 2022 年初开始第一次实验，将用于天体物理和医学成像等领域。

光电探测器朝智能化、高灵敏、低噪声、低功耗方向发展。一是新产品性能大幅提升。美国制造出世界首个基于Ⅱ类超晶格材料的高增益长波红外光电探测器，可满足下一代遥感、夜视、光通信、热成像等军事应用需求。瑞士研制出石墨烯-钙钛矿 X 射线探测器，灵敏度比同类产品提高 4 倍。韩国开发出无需冷却的微测热辐射计，灵敏度和捕获图像能力均比传统微测热辐射计提高 3 倍。二是新技术研发瞄准未来军事需求。DARPA 启动神经形态红外照相机研发，能满足更多动态场景应用需求，将提高红外搜索/跟踪平台、自主作战车辆、机器人等装备性能。美国联合定向能转化办公室正在开发门控短波红外传感器，其将用于高能激光 2D 精细跟踪和自适应光学系统。美国海军研究办公室启动下一代红外传感器技术研发，以提升夜视系统性能。

光电显示器件朝高性能、多功能、柔性、环保方向发展。英国制作出世界首款基于原生红色氮化铟镓的微型发光二极管显示器，将加快增强现实眼镜商业化进程。日本推出照明和杀菌兼备的双功能发光二极管产品，将广泛用于食品厂、公共设施等领域。韩国发布可伸缩有机发光二极管皮肤贴片，将用于健康监测。德国开发出可生物降解显示器，为生产生态友好电子产品铺平道路。

光电集成技术研发取得重大突破。欧盟石墨烯旗舰计划推出基于石墨烯的光子器件的晶圆规模生产技术，可在一个晶圆上获得超过 12000 个石墨烯晶体，标志着该计划再次取得重要突破。在美国空军和陆军支持下，南加州大学找到生成单量子点的方法，有望实现量子光子芯片生产。以色列正在研发光电集成代工工艺，旨在为 DARPA "通用微型光学系统激光器"项目提供支撑。

三、真空电子器件领域

带状注速调管研发创佳绩。美国研制出 6 兆瓦 S 波段带状注速调管，不仅代表带状注速调管的最高功率水平，而且证明横电波模式不会影响其正常运行。

行波管放大器技术研发再上台阶。DARPA 启动"波形敏捷射频定向能"项目，目标是将高功率微波后门攻击的起效距离在当前技术水平基础上提高 10 倍，大幅提升高功率微波武器战场适应和实战化能力。该项目对行波管放大器频率灵活性、波形调制、相位相干性等提出更高要求，促使行波管放大器技术研发将再上台阶。

太赫兹回旋管研究取得重要进展。俄罗斯科学院应用物理研究所研制出连续波 0.526 太赫/240 瓦回旋管，以及脉冲 0.53 太赫/200 千瓦回旋管，达到同类器件最高功率水平，有力支撑动态核偏振、核磁共振等先进光谱科学研究。

宽带空间行波管研发取得新突破。法国研制出 250 瓦 Ka 波段宽带空间行波管，其在 2 吉赫和 2.9 吉赫带宽射频功率分别超过 250 瓦和 240 瓦，将更好地满足卫星中继器需求。

四、传感器领域

物理传感器新产品不断涌现，新技术研发瞄准军事需求。一是物理传感器新产品不断涌现。美国发布首批量子图像传感器，可实现以前无法实现的超低照度成像，适用于国防、航天、科学等领域高性能成像。英国开始批量生产石墨烯霍尔传感器，这是业界唯一可在极端温度下测量 7 特斯拉以上磁场强度的霍尔传感器。法国和意大利联合开发出全球首款 50 千赫 MEMS 陀螺仪，性能指标达最佳水平。美国霍尼韦尔公司发布 HG4934 空间速率传感器，可以更低成本和功耗提供高性能的卫星导航。二是物理传感器新技术研发瞄准军事需求。美国国防部正在推进"可穿戴射频武器攻击探测器"技术研发，可有效识别战场上定向能武器威胁。在以色列国防部资助下，阿尔切洛公司正在开发下一代光学惯性传感器，以满足高端惯导系统需求。

化学传感器功能不断扩大，满足新的检测需求。一是美国圣母大学开发出一款"电子鼻"原型，可模拟人类嗅觉系统，用于检测空气污染物或温室气体，嗅探毒品和炸弹等。二是德国利用石墨烯场效应晶体管和定制金属有机涂层，开发出新型气体分子传感器，支持更快的实时监控。三是爱尔兰制作出微型变色气体传感器，能够以较低成本实时监测气体。

生物传感器新原理、新材料和应用创新成果不断涌现。一是推出多款医用生物传感器。美国麻省理工学院研制出碳纳米管传感器，可在 5 分钟内给出新冠病毒检测结果。美国、阿根廷和德国联合开发出 DNA 传感器，只需几分钟即可检测出传染性病毒。日本、澳大利亚和新加坡联合研制出纳米级金刚石传感器，可用于基础细胞研究、疾病诊断及治疗。二是最小的生物传感器诞生。比利时制作出最小的基于鳍式场效应晶体管（FinFET）的生物传感器，翅片宽度 13 纳米，栅极长度 50 纳米，有望实现分子级检测。三是多功能超薄隐形眼镜传感器问世。英国、美国合作开发出多功能超薄隐形眼镜传感器系统，将给智能隐形眼镜带来革命性变化。

五、电能源领域

太阳电池光电转换效率创新纪录，新技术致力于提高性能。一是太阳电池光电转换效率创新纪录。德国展示光电转换效率达 68.9% 的砷化镓太阳电池，这是迄今为止最高的光电转换效率。瑞士将柔性太阳电池光电转换效率提高到 21.4%，创下新的世界纪录。二是透明太阳电池问世。韩国研制出完全透明的太阳电池，将开启个性化能源新时代。三是新技术研发致力于提高太阳电池性能。日本通过设计晶种生长技术，改进钙钛矿薄膜质量，从而延长太阳电池寿命。韩国和美国合作，通过强化电荷载流子管理，提高钙钛矿太阳电池性能。沙特通过添加敌草快掺杂剂，提高有机太阳电池光电转换效率。

锂电池性能显著提升，电池材料技术研发取得新进展。一是锂电池性能进一步提高。在美国国防部支持下，Nanograf 公司研发出 18650 型锂离子电池，能量密度 800 瓦·时/升，创下新的世界纪录。美国哥伦比亚大学通过集流体设计优化，使锂电池比能量提高 10%~20%。哈佛大学设计出分级结构固态电池，20C 充放循环寿命上万次。二是电极材料技术研发取得新进展。美国斯坦福大学研制出超薄锂负极，可使锂金属全电池循环寿命延长 9 倍。德国、芬兰合成联苯烯网络，这是一种单原子厚新型碳材料，储锂容量更大，有望用作锂电池正极材料。

燃料电池新产品问世，新技术研发面向提效和环保。一是迄今最高效的身体能量收集器问世。美国研制出指尖能量采集装置，在 10 小时时间内可收集近 400 毫焦能量，足以为电子表供电 24 小时，将支持自维持可穿戴电子产品。二是燃料电池新技术研发面向提效和环保。美国加利福尼亚大学通过向细菌中注入银，提高微生物燃料电池功率效率，向开发微生物燃料电池迈出重要一步。美国利用钴和钛生产出一种新型催化剂，向开发清洁能源迈出关键一步。

新型电池研发取得重要突破，性能令人鼓舞。一是美国开发出石墨烯集能芯片，功率 10 毫瓦，支持传感器和小型电子器件自供电。二是德国利用石墨烯混合材料研制出超级电容器，能量密度达 73 瓦·时/千克，1 万次充放电循环后仍保持 90% 容量。三是印度公布增强型蚀变铝离子电池，其能量密度、寿命、安全性远超现有锂电池，标志着固态铝电池研发取得重大突破。

六、抗辐射加固器件领域

美国开发出基于 Arm Cortex – M7 的新型抗辐射微处理器和微控制器。美国微芯科技公司研制出基于 Arm Cortex – M7 的抗辐射器件：SAMRH71 抗辐射微处理器和 SAMRH707 抗辐射微控制器，为开发人员提供单核处理器的简单性和先进架构的性能，可满足航空航天应用的关键需求。

以、美合作将可变电阻式随机存取存储器技术用于量产。以色列微比特纳米公司将可变电阻式随机存取存储器技术转让给美国天水公司，后者打算将其作为 130 纳米互补金属氧化物半导体工艺的嵌入式非易失性存储器 IP 提供给客户，以进一步提高抗辐射存储器的性能。

美国推出首款抗辐射氮化镓功率晶体管。美国宜普电源转换公司研制出首款抗辐射氮化镓功率晶体管，其具有工作频率更高、效率更高、功率密度更大等特点，适合卫星电力系统、航空电子设备、深空探测器等应用需求，已被正在建造的小型、低成本地球同步通信卫星选作配套器件。

（国家工业信息安全发展研究中心　李耐和）

2021 年微电子器件技术发展综述

2021 年，微电子器件技术研发取得重要进展，主要表现在：微处理器向多功能集成和智能化方向发展；新一代存储器存储速度和容量继续提升；宽禁带半导体器件性能大幅提升，应用范围持续拓展；晶体管前沿技术进一步革新，新概念、新结构、新功能晶体管不断涌现；集成电路制造工艺获得突破，微电子器件性能得到大幅提升；先进电子材料技术进一步发展，二维化合物、有机框架电介质、新型聚合物等新兴材料加速微电子器件性能升级；异质集成技术继续发展，应用领域得到扩展。

一、微处理器向多功能集成化和智能化方向发展

2021 年，微处理器多功能集成和智能化程度不断提升，存算一体深度神经网络推理芯片系统、首款面向人工智能应用的数据中心 CPU 产品、首个由 5G 和人工智能技术赋能的无人机控制处理器平台的出现为微处理器满足未来创新应用需求奠定了基础。

（一）美国斯坦福大学开发出存算一体深度神经网络推理芯片系统，有助加速人工智能技术应用

2020年1月，美国斯坦福大学在DARPA"电子复兴计划"支持下，开发出存算一体深度神经网络推理芯片系统。该系统由8个计算芯片组成网络，每个计算芯片包含1个阻变存储器和1个静态随机存储器，处理单元和片上存储器紧密相连，并设置芯片快速唤醒与关闭机制，具有较高的灵活性和可扩展性。与存算分离处理器相比，该系统运行人工智能程序的速度提升7倍，能耗降至1/7，非常适合用于类脑计算、虚拟现实、智能化系统等领域的研究，将有效推动军事装备的信息化、数字化、智能化。

（二）美国英伟达公司推出首款面向人工智能应用的数据中心CPU产品，兼具自然语言处理和人工智能超级计算功能

2021年4月，美国英伟达公司推出首款数据中心CPU产品"格蕾斯"（Grace），如图1所示。这是专为支持人工智能应用而设计的处理器芯片，其最突出的特性是同时具有自然语言处理和人工智能超级计算功能。英伟达公司计划将"格蕾斯"与GPU一起使用，组成基于LPDDR5x内存的低

图1 英伟达公司首款数据中心CPU产品

功耗内存子系统。该系统可极大减少数据传输能耗,全面提高能效,提供比 DDR4 内存系统带宽高 2 倍和能效高 10 倍的存储能力,有望在新型超级计算机制造、气象预测和科学模拟等领域得到应用。

(三) 美国高通公司推出全球首个由 5G 和人工智能技术赋能的无人机控制处理器平台,进一步推动无人机技术发展

2021 年 8 月,美国高通技术公司推出全球首个由 5G 和人工智能技术赋能的无人机控制处理器平台 Qualcomm Flight RB5 5G,如图 2 所示。其采用高通 QRB5165 处理器,为推动下一代高性能、低功耗 5G 无人机的发展提供解决方案。通过利用"蜂群支持"及其张量加速器来应对无人机中存在的通信挑战问题,拥有图像信号处理器和神经处理单元,使无人机实现高效率运行。平台实时数据通过系统 LPDDR5 来处理、存储和传输,内存速率为 2133 兆赫,CPU 时钟频率为 2.84 赫。人工智能和机器学习算法与 Qualcomm Flight RB5 5G 专用张量加速器协同发挥作用。该方案进一步推动无人机技术发展,将多项复杂技术融入紧凑集成的无人机系统,以支持不断演进和拓展的全新应用领域,大幅拓宽无人机技术的应用范围。

图 2　Qualcomm Flight RB5 5G 处理器平台照片

（四）英国研制出全球首个 32 位柔性微处理器，为武器系统研制提供更大灵活性

2021 年 7 月，英国 ARM 公司与 PragmatIC 公司利用金属氧化物薄膜晶体管和柔性聚酰亚胺基底技术，研制出全球首个 32 位柔性微处理器，其最小弯曲半径 3 毫米，有望推动低成本、全柔性、智能集成电路发展。它实际上是一个系统芯片，由处理器、存储器、AHB – LITE 互连结构、外部总线接口构成。处理器包含 1 个 32 位 Cortex – M 中央处理器，以及 1 个嵌套向量中断控制器，通过 AHB – LITE 互连结构连接到内存。存储器包括只读存储器和随机存取存储器，前者容量 456 字节，用于存储系统代码和测试程序，后者容量 128 字节，主要用作堆栈。AHB – LITE 互连结构用于中央处理器与内存的连接。外部总线接口用于控制两个通用输入、输出引脚进行片外通信。该柔性微处理器的容量为 18334 个等效与非门，比之前最好的柔性集成电路提高 11.6 倍，它将与柔性传感器、柔性显示器、柔性电路板一起，为武器系统研制提供更大灵活性，进一步促进航空、航天、单兵装备性能的提升。

（五）澳大利亚开发出速度最快的光学神经形态处理器，标志着神经形态处理技术的巨大飞跃

2021 年 1 月，澳大利亚斯威本科技大学展示了世界上速度最快的人工智能光学神经形态处理器，其运算速度 11.32 万亿次/秒，比之前处理器快 1000 倍以上，代表了神经网络和神经形态处理技术的巨大飞跃。其工作原理：首先，将输入数据向量编码为串行电波形中时间符号的强度；其次，通过电光调制将时间波形组播到卷积核波长通道上，生成权值的副本；再次，通过色散延迟传输光波形，有效实现时间和波长的交织；最后，通过高速光电检测对延迟副本和加权副本进行求和，以便在给定的时间窗口产生卷积。测试表明，该光学神经形态处理器对手写体数字识别的准确率为

88%。光学神经形态处理器是实现单片集成光学神经网络的重要里程碑，它具有超快的运算处理能力，可作为神经形态硬件的通用超高带宽前端，执行海量数据机器学习任务，将在自动驾驶、实时视频识别等计算密集型应用中发挥重要作用。

二、新一代存储器存储速度和容量继续提升

2021 年，光学非易失性铁电存储器、3D NAND 闪存、超快低能耗柔性相变存储芯片等新型存储器研发取得突破性进展，进一步推动存储器速度和容量等性能提升。

（一）西班牙开发出光学非易失性铁电存储器，有望用于神经形态视觉系统

2021 年 1 月，西班牙巴塞罗那科学材料研究所通过集成纳米技术和量子效应的光敏铁电材料，研制出具有高性能和多功能特性的节能存储器件，并使用光以非易失性的方式实现存储信息的能力。在研究过程中，研究人员将电传感器和存储器特性相结合，形成可通过脉冲光调节器件电阻状态，使其具有电可切换能力的自发性非易失极化光致铁电材料。在施加光脉冲过程中，非易失性光学控制允许电阻由低变高（或由高变低），最终实现通过光信号进行非易失性数据存储的目的，即使在器件电源关闭情况下，信息也能保存在器件中。该研究为光开关材料技术发展开辟新的路径，新存储器有望应用于神经形态视觉系统中。

（二）韩国开发出带有铁电 3D NAND 闪存的高速存储器，进一步推动铁电存储器技术创新

2021 年 1 月，韩国利用铪基铁电体材料开发出带有铁电 3D NAND 闪存的高速存储器，性能大大超越常规闪存及钙钛矿铁电存储器。该研究团队

通过引入铟锌氧化物作为半导体层，以锆掺杂铪氧化物作为铁电层，开发出高性能铁电晶体管，并以施加禁止程序脉冲的方法禁止程序操作，在不影响铁电 NAND 闪存阵列中 16 个存储单元的正常运行情况下，用铁电薄膜晶体管阵列实现 NAND 存储器操作，最后再通过模拟铁电 3D NAND 存储单元中的程序和块擦除操作功能，进一步观察到铁电 3D NAND 闪存器件的操作特性，将铁电 3D NAND 闪存器件构建为具有高度堆叠的结构，让器件保持低功耗和较高运行速度，为利用超高密度铁电 3D NAND 闪存集成存储器取代传统 3D NAND 闪存提供可能性。该研究为高密度 3D NAND 闪存技术未来应用奠定基础，将进一步推动铁电存储器技术创新。

（三）英国用石墨烯制造出超高密度抗磨损机械硬盘，大幅提升存储能力

2021 年 6 月，英国剑桥大学用石墨烯制造出超高密度抗磨损机械硬盘，存储能力较传统硬盘大幅提升。机械硬盘包含磁盘和磁头两个主要组件，通常数据是用磁头写在磁盘上的，当磁盘旋转时，磁头会在磁盘上快速移动从而实现数据存取。这样的移动必然会导致机械磨损，传统机械硬盘使用碳基涂层来保护磁盘免受机械损伤和腐蚀影响，但会占据很大空间。为解决这一问题，研究人员使用石墨烯代替碳基涂层，使摩擦作用减半，提供了较好的抗腐蚀和防磨损性能。研究人员还使用热辅助磁记录技术将石墨烯转移至由铁铂合金制成的磁盘上制成磁记录层，使硬盘具有前所未有的数据存储密度，1 英寸^{2}面积可存储超过 10 太字节数据量。该技术有望进一步推动存储技术的进步，对大数据存储具有重要意义。

（四）美国开发出超快低能耗柔性相变存储芯片，可用于大型数据中心和柔性电子设备

2021 年 9 月，美国斯坦福大学开发出一种超快且节能的柔性相变存储芯片，可用于大型数据中心和柔性电子设备。目前最有前途的数据存储技术是相变存储器，它比传统硬盘快几千倍，但缺点是耗电量巨大。为此，研究人员设计出能够克服这一缺陷的相变存储单元。该单元可以低功耗工作，并能嵌入柔性基板中，用这一存储单元制造的存储设备只需极低的成本和能耗就能实现高效工作。该器件由纳米尺寸的超晶格存储材料层、孔隙单元和隔热柔性衬底三部分组成，使系统在柔性衬底上和刚性硅上将编程电流密度分别降至 1/10 和 1/100。该技术将推动相变存储器快速应用于超快极低能耗新型计算机的制造。

三、宽禁带半导体器件性能大幅提升，应用范围持续拓展

2021 年，氮化镓、碳化硅等宽禁带半导体器件新产品继续涌现，性能不断提升，应用范围向低压、高压环境及可再生能源逆变器等应用领域拓展。

（一）德国开发出可用于低压环境的氮化镓集成电路，实现效率和安全性的平衡

2021 年 6 月，德国弗劳恩霍夫应用固体物理研究所开发出可用于低压环境的氮化镓集成电路。在一些需要电池供电的电动设备中，48 伏低压技术正在兴起，并在各行业中得到应用。与高压电子设备相比，48 伏技术在效率和安全性之间取得了较好的平衡。高度集成的氮化镓器件和系统是 48 伏技术发展的关键技术。与硅材料相比，氮化镓具有更好的物理性能。此外，氮化镓技术有助于实现所有电路器件在同一芯片上的单片集成。研究人员将集成半桥的两个晶体管合并成一个高度紧凑的交错结构，与通常的并排集成结构相比，面积效率得到大幅增加。此外，研究人员还将三个半桥集成到一个电机逆变器氮化镓集成电路中，用于低压运行，并使用半桥

集成电路先进封装技术进行封装。新技术无需复杂的安全措施，使氮化镓器件能够在日常应用中使用。

（二）瑞士推出 45 瓦和 150 瓦全新氮化镓器件，具有更优异性能

2021 年 8 月，瑞士意法半导体集团推出采用集成电源封装方式的 45 瓦和 150 瓦全新氮化镓器件 Master GaN 3 和 Master GaN 5。Master GaN 器件简化了从普通硅基金属－氧化物半导体场效应晶体管向氮化镓宽禁带功率技术的转变，集成两个 650 伏晶体管，具有优化的高压栅极驱动器和相关安全保护电路，消除栅极驱动器和电路布局设计的难题。其中，Master GaN 3 器件氮化镓晶体管具有 225 毫欧和 450 毫欧的不对称导通电阻，使这些器件适合用于软开关和有源整流转换器。每个 Master GaN 器件都有专用的原型板支持，以帮助设计人员启动新的电源。

（三）美国开发出新型系列碳化硅场效应晶体管，助力电动汽车发展

2021 年 9 月，美国集成电路公司开发出 9 种 750 伏碳化硅场效应晶体管系列新器件，额定电阻分别为 6 毫欧、9 毫欧、11 毫欧、23 毫欧、33 毫欧和 44 毫欧，所有器件均采用 TO－247－4L 封装，18 毫欧、23 毫欧、33 毫欧、44 毫欧和 60 毫欧器件还可采用 TO－247－3L 封装。在现有 18 毫欧和 60 毫欧器件的补充下，750 伏系列产品为设计人员提供了更多的选择性和设计灵活性，同时还能使电路保持更好的稳定性。新型碳化硅场效应晶体管的二极管在恢复速度和正向压降方面优于传统硅场效应晶体管或碳化硅场效应晶体管，且通过先进晶圆减薄技术和银烧结芯片连接技术降低芯片与外壳间的热阻，这些特性使芯片能够在极端环境中保持最大的功率输出。该系列器件有望应用于电动汽车中的牵引驱动和车载及非车载充电器，以及可再生能源逆变器、功率因数校正等领域。

四、晶体管前沿技术进一步革新，新概念、新结构、新功能晶体管不断涌现

（一）DARPA 启动低温逻辑技术开发，为高性能计算提供支撑

2021 年 4 月，DARPA 启动低温逻辑技术项目，旨在开发极低温器件技术，以克服高性能计算面临的功率效率限制。该项目将通过对先进的超大规模集成工艺进行改进，开发高性能、低温的互补金属氧化物半导体鳍式场效应晶体管（FinFET），相应的处理器可在接近液氮温度（约 –196℃）下运行时，与在室温下运行的最新中央处理器相比，其性能/功耗将提高 25 倍。

（二）加拿大开发出基于束缚电荷工程的全新硅纳米线晶体管，显著提高硅纳米线隧道场效应晶体管性能

2021 年 1 月，加拿大麦吉尔大学基于束缚电荷工程开发出一种全新硅纳米线隧道场效应晶体管，如图 3 所示。研究人员发现当电场穿过晶体管两

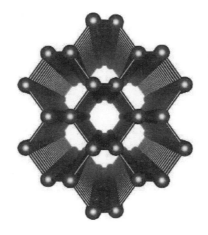

图 3　构成晶体管的硅纳米线结构

种材料之间的界面时,在该界面上会形成束缚电荷,利用这一性质可制造束缚态电荷。该技术称为束缚电荷工程,它可以用于控制场效应晶体管两个区域间结耗尽区的大小,即束缚态电荷可以用来辅助自由电荷,使晶体管具有更强的屏蔽效应。该设计方案显著提高硅纳米线隧道场效应晶体管的性能,不仅可用于纳米电子学和晶体管设计领域,还有望用于分子电子学、电化学和人工光合作用等领域。

(三) 比利时开发出全功能集成叉片式场效应晶体管,为延续摩尔定律提供新的路径

2021年6月,比利时微电子研究中心在超大规模集成电路技术和电路研讨会上首次展示了具有强短沟道控制能力的全功能集成叉片式场效应晶体管,如图4所示。该器件采用300毫米晶圆工艺线制造,栅极长度22纳米,N型和P型场效应晶体管均包含两个堆叠硅沟道,短沟道控制能力与在同一晶圆上集成的垂直堆叠纳米片器件相当。这种叉片式器件与纳米片器件不同,由PMOS和NMOS器件之间电介质壁组成的三栅极叉形结构控制,同时电介质壁将P栅沟槽与N栅沟槽物理隔离,与FinFET或纳米片器件相比,其的N-P间距更小,大约是最先进FinFET晶体管N-P间距的35%。

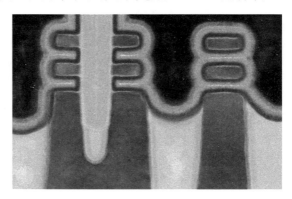

图4 叉片和纳米片集成场效应晶体管透射电镜图像

该技术可将标准单元高度从5T降低至4.3T，同时极大提高器件性能，为延续摩尔定律提供新的路径。

（四）德、西开发出能控制石墨烯电子特性的类晶体管器件，有助扩大石墨烯材料创新应用

2021年4月，德国德尔斯顿－罗森多夫亥姆霍兹中心、马克斯·普朗克聚合物研究所、杜伊斯堡－埃森大学以及西班牙加泰罗尼亚纳米科学与纳米技术研究所和光子科学研究所研究联合开发出能控制石墨烯电子特性的类晶体管器件，如图5所示。该器件可通过较小电压控制经由石墨烯传输的电子信号强度和频率。为在实验中证明石墨烯的可控制性，研究员制造出一种类似晶体管的器件，可通过电触点施加栅极电压，能传输超高频太赫兹信号，并分析信号频率与施加电压转换的过程。实验结果显示，在施

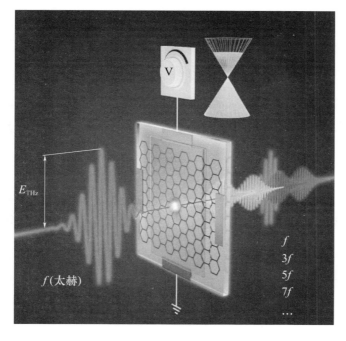

图5　当控制电压施加到石墨烯时，器件就可控制电流的频率转换

加一定电压之后，石墨烯的非线性响应逐渐消失，而当控制电压从临界值略微偏离后，材料则再次呈现出明显的非线性。据此，在确定最佳选通电压后，可将传输和重新发射的太赫兹电子信号强度及频率分量改变 2 个数量级以上。该研究填补了石墨烯电信号处理和调制应用中非线性控制的"缺失环节"，扩大了石墨烯材料创新技术的应用范围。

（五）德国开发出垂直有机晶体管，有望将有机电子器件频率提升至吉赫

2021 年 7 月，德国德累斯顿工业大学开发出垂直有机晶体管，有望将有机电子器件频率扩展至吉赫范围。当前，可印制电子器件性能还比较差，因此开发低电压、高增益和高频互补电路是一个极其重要的课题。高频逻辑电路是可印制电子器件的重要组成部分，它具有低功耗和响应极快的反相器电路和振荡器。现在，研究人员发现垂直晶体管架构中第二个控制电极可以实现较宽范围阈值电压可控性，使得这种器件成为高效、快速和复杂逻辑电路的理想选择，由此开发出高效、可打印和可调的垂直有机晶体管，并将垂直有机晶体管集成到功能电路中。该技术将使得互补逆变器和环形振荡器为发展吉赫兹电子器件奠定基础，并推进高效、灵活和可打印电子器件的发展。

五、集成电路制造工艺获得突破，器件性能得到大幅提升

（一）美国发布世界首个 2 纳米芯片制造工艺，进一步延续摩尔定律

2021 年 5 月，美国 IBM 公司发布世界首个 2 纳米芯片制造工艺。其关键技术：一是采用 3 维纳米片堆叠晶体管技术，将 NMOS 晶体管堆叠在 PMOS 晶体管顶部，比二者并排放置的传统晶体管更快速、更省电；二是使

用底介质电隔离通道,以减少电流泄漏,有助于减少芯片的功耗;三是内部间隔采用第二代干法设计,可高精度控制源漏内间隔片的压痕形状,有助于实现精确栅控;四是采用极紫外光刻技术,有效提高保真度,减少曝光次数及掩模板数量,进而提高成品率,并降低成本。2纳米工艺芯片集成度高达3.33亿个晶体管/毫米^2,分别是台积电和三星3纳米制程的1.3倍和1.6倍;相比7纳米工艺芯片,同性能下功耗降低75%,同功率下性能提升45%。2纳米芯片制造工艺的问世,进一步彰显了硅材料在延续摩尔定律方面所具有的得天独厚的性能优势,也预示着集成电路制造埃米时代的到来,将更好地满足未来军民领域高端芯片需求。

(二)美国开发出世界最低功耗高速模/数转换器,彻底解决了模/数转换器芯片高效能与低功耗无法兼顾的难题

2021年5月21日,美国杨百翰大学开发出世界上功耗最低的高速模/数转换器芯片。其在10吉赫超宽带无线通信中功耗仅21毫瓦,比当前主流模/数转换器功耗低两个量级,转换能效创下新的世界纪录。该芯片由通道模块、逐次逼近逻辑电路模块、时钟分配模块、模/数转换模块组成,尺寸130微米×170微米,采样频率10吉赫,分辨率8比特,品质因数37飞焦/收敛步长。其关键技术:一是采用八重时间交织逐次逼近采样架构,设计了分布式对称电容结构,将模数转换器中同一比特位的单元电容分在一组,而不是常规地贯穿在一起,使得底板寄生电容降至1/3,从而大大降低功耗,并提高速度;二是利用双自举采样开关,可对每个信号路径进行独立优化,不仅提高速度,还使得无杂散采样动态范围比同类芯片增加5分贝,创下59分贝的新纪录。这款高速模数转换器彻底解决了模数转换器芯片高效能与低功耗无法兼顾的难题,可更好地满足通信、雷达、电子战等领域应用需求。

（三）以色列研发出制造超薄晶体管器件的新技术，可将信息存储到已知最薄存储单元

2021年6月，以色列特拉维夫大学设计出能将晶体管器件厚度减少到只有两个原子厚的技术，这是一种将信息存储到已知最薄存储单元中的方法。研究人员首先使用一个原子厚的硼和氮层，以重复六边形结构进行排列，形成自然界中最具稳定性和惰性的材料结构。再通过人工组装两层重复六边形结构排列的晶体层打破晶体对称性。在自然状态下，形成大量相互叠加的层状结构，且每一层相对于其相邻层旋转180°，在人工叠加过程中，各层之间呈现差异性，利用对称性破坏迫使电荷在层间自由重组，并产生垂直于层面的微小内部电极化，形成类似于厚三维铁电系统的新系统。该技术能够进一步提升计算机设备的储存效率，有助于电子设备的技术升级，有望应用于未来先进计算机、探测器、能量存储和转换器开发，以及材料与光的相互作用研究。

（四）美国开发出制造长度小于100纳米柔性原子薄型晶体管的技术，为实现下一代新型超薄柔性电子器件研发奠定基础

2021年6月，美国斯坦福大学开发出制造长度小于100纳米柔性原子薄型晶体管的技术。该技术利用化学气相沉积工艺在实心硅晶圆上沉积一层原子厚度的玻璃薄膜，再将二维半导体材料二硫化钼覆盖在微小的纳米图案金电极上，从而实现在柔性塑料衬底上无法达到的电路图案化工艺分辨率。由此产生的薄膜只有3个原子层厚度，在850℃下仍能发挥作用。相比之下，由聚酰亚胺制成的柔性基板在超过360℃情况下就会变形甚至分解。因此，研究人员选择在坚硬的硅材料上制造关键部件图案，并使其冷却，在不损伤衬底的情况下实现柔性材料的应用。最后再通过去离子水浴使整个设备堆栈向后剥离，并完全转移到柔性聚酰亚胺上。实验结果表明，柔性晶体管性能优于传统晶体管。该研究推进了超薄柔性电子技术的创新，

综合动向分析

为实现下一代新型超薄柔性电子器件研发奠定基础。

（五）美国启动现场可编程门阵列向专用集成电路设计自动转换技术研发，提高军用集成电路研发能力和性能水平

2021年3月，DARPA启动军用现场可编程门阵列设计向专用集成电路设计自动转换技术研发，同时将安全对策技术集成于设计流程之中，以进一步提高军用集成电路研发能力和性能水平。其关键技术：一是英特尔10纳米工艺，核心是超级鳍技术，可在多个方面对鳍式场效晶体管进行优化，使得英特尔10纳米芯片性能比其14纳米工艺提升20%。二是嵌入式多模互连桥封装技术，能够把10纳米、14纳米及22纳米等不同工艺的小芯片封装在单一芯片内，有效满足不同功能需求。三是高级接口总线技术，这是一种高度并行的主从总线，包括25个独立通道，可提供几太字节每秒的吞吐量。四是芯片安全技术，围绕设计-验证-测试-制造寿命周期，开发提高结构化专用集成电路安全的技术，并集成到设计流程之中。该技术将使军用集成电路研发时间从28周缩短到9周，功耗降低50%，工程成本下降90%，并大幅提高其运行速度、容量和安全性，有助于美国国防部更快速、更经济地开发与部署先进微电子系统，保持或加大武器系统技术"代差"优势。

六、先进电子材料技术进一步发展，二维化合物、有机框架电介质、新型聚合物等新兴材料加速微电子器件性能升级

（一）美国研制出300毫米金刚石晶圆，标志着第三代半导体材料研发取得重大突破

2021年7月，美国阿克汉半导体公司研制出全球首个300毫米互补金

属氧化物半导体金刚石晶圆，这是第三代半导体材料领域的重大突破，将大幅提升集成电路性能，使其性能迈上新的台阶。

（二）美国开发出全新共价有机框架电介质材料，可用于晶体管制造

2021年3月，美国弗吉尼亚大学开发出全新共价有机框架电介质材料，其可用于制造尺寸更小的芯片。电绝缘材料又称为低介电常数电介质，能将芯片中的电串扰降至最低。低介电常数电介质材料不但能够通过控制电流消除信号之间的干扰，还可以加速释放电路中电流产生的热量。研究人员发现二维硼酸酯类共价有机框架材料COF–5是一种既具有低电导率，又有高传热能力的低介电常数电介质材料。为此，研究人员进一步改进二维聚合物COF–5的生产方法，并获得高质量COF–5薄膜，然后成功应用于高密度芯片小尺寸晶体管的制造。该技术有望应用于化学传感等领域。

（三）德国开发出新型光敏材料，可通过直接激光刻写技术制造高导电性微电子器件

2021年3月，德国凯泽斯劳滕工业大学和斯图加特大学开发出一种新型光敏材料，该材料能够通过直接激光刻写技术制造出高导电性微电子器件。采用直接激光写入技术的主要优点是不仅能实现平面结构器件的制造，还可以实现三维微器件结构的制造，这极大扩充了器件或设备设计人员可选用技术手段和方案。研究人员制造的这种新型材料几乎由100%的银制成，且材料密度超过95%。此外，在保证片上兼容性的同时，几乎可采用任意几何结构。为了验证该方法的可行性和器件强度，研究人员利用该材料在红外光谱范围内制作出基于螺旋天线阵列偏振器。结果显示，偏振器性能良好。该材料非常适合于制造导电三维微米级尺寸器件，将推动芯片集成技术的进一步创新。

（四）西班牙和德国在室温下制造出二维材料自旋场效应晶体管，有望实现节能自旋逻辑器件

2021年9月，西班牙CIC纳米研究中心和德国雷根斯堡大学在室温下制造出可在无磁场环境的双层石墨烯中进行自旋进动的二维材料自旋场效应晶体管，如图6所示。研究人员通过研究基于不同二维材料的异质结构（也称为范德华异质结构）在自旋电子学中的表现，发现将具有弱自旋轨道耦合的材料（如石墨烯）与具有强自旋轨道耦合的材料（如二硒化钨）堆叠在一起，可实现材料层之间的相互作用，从而在石墨烯（充当有效磁场）上产生有效自旋轨道耦合，无需施加磁场便可逆转自旋。研究人员通过向材料施加面内电场和背栅电压来控制所使用材料的自旋输运时间，在室温下实现在外部磁场的自旋进动电气控制。该研究为石墨烯范德华异质结构研究提供了有价值的理论参考，拓展了二维材料的应用范围，有望实现节能自旋逻辑器件。

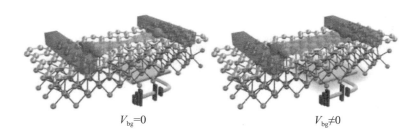

图6　石墨烯－二硒化钨自旋场效应晶体管示意图

（五）德国开发出有机－无机混合钙钛矿半导体材料，有助于进一步优化半导体器件材料性能

2021年10月，德国康斯坦茨大学开发出一种可用于制造半导体器件的有机－无机混合钙钛矿半导体材料，该材料具有出色可调功能以及易于加

工特性，且具有很强的缺陷耐受性。处理后形成的缺陷不会显著影响设备功能，研究人员利用该材料首次实现了高效溶液处理。该材料可在溶液中加工，半导体油墨可以涂覆或简单地涂在表面以形成所需的薄膜，以此来制造太阳电池或发光二极管等半导体器件。此外，研究人员还可通过改变钙钛矿化学成分来调整其带隙，改变钙钛矿的吸收曲线，以此来制备不同波长的发光二极管或调整串联太阳电池的钙钛矿材料分布。该研究有助于进一步优化半导体器件材料性能，找到比硅更高效的替代品来制造半导体器件。

七、异质集成技术继续发展，应用领域得到扩展

（一）美、日开发出制备范德华二维异质结构材料的全新合成技术，为研发下一代光电器件提供新的路径

2021 年 3 月，美国宾夕法尼亚州立大学和东京大学开发出制备范德华二维异质结构材料的全新合成技术。其原理是让一堆二维分层材料卷曲成完美圆柱体方式，再以垂直异质结构顺序来构造接触，使小尺寸异质纳米管可以作为高性能小型二极管进行工作。研究人员为了解决常规平坦范德华结构不可见、难表征等问题，使用了散射扫描近场光学显微镜，该显微镜可以探测纳米级物体并确定其组成材料的光学特性，再利用具有纳米分辨率的高光谱光学成像数据分析方法来区分不同的材料。该技术将二维材料制备技术提升到一个新的水平，为研发下一代光电器件提供新的路径。

（二）美国利用异质集成技术研发出世界最小的声学射频放大器，其性能优异

2021 年 6 月，美国桑迪亚国家实验室利用异质集成技术将射频放大器、

环行器和滤波器集成在一起，研发出世界最小、性能最好的声学射频放大器。该芯片工作频率 276 兆赫，尺寸仅 0.5 毫米^2。为了应对承载大部分移动通信电子设备流量的 2 吉赫频率，该声学器件尺寸可变得更加小巧，有望达到约 0.02 毫米^2，这一尺寸仅为目前最先进技术制作的同类器件的 1/10。该研究成果首次验证了利用声学技术实现通常需电子学技术才能实现功能的可行性。

（三） 美国开发出首个异质集成柔性微波放大器，有望用于可穿戴电子产品

2021 年 7 月，美国威斯康星大学麦迪逊分校开发出一种柔性微波集成电路新策略，该策略将铝镓氮/氮化镓高电子迁移率晶体管膜与无源阻抗匹配网络集成在纤维素纳米原纤维纸上，制造出首个异质集成柔性微波放大器，该放大器可在超过 5 吉赫下保持 10 毫瓦输出功率，由于其使用纤维素纳米原纤维纸作为电路基板，很容易被燃烧处理，有望在可穿戴电子织物设备研发领域得到应用。

（国家工业信息安全发展研究中心　李铁成）

2021年光电子器件技术发展综述

2021年，光电子器件技术研发取得重要进展，主要表现：激光器新技术不断涌现，激光频率和强度再创新高；光电探测器朝智能化、高灵敏、低噪声、低功耗方向发展；光电显示器件朝微型、高性能、多功能、柔性、环保方向发展；光电集成技术研发取得重要突破。

一、激光器新技术不断涌现，激光频率和强度再创新高

（一）美国拨款支持3000万亿瓦"宙斯"激光器运行，预计2022年初开始首次实验

2021年8月，美国国家科学基金会拨款1850万美元，支持位于密歇根大学的3000万亿瓦"宙斯"激光器运行，预计2022年初开始第一次实验。目前，"宙斯"激光器建造工作已经完成，其主要用于研究极端等离子体——电子从原子中挣脱出来，形成带电气体的物质状态。该设施有助于理解宇宙如何在亚原子水平上运行、黑洞如何产生喷流、物质如何在极快的时间尺度上变化，还可用于医学成像和粒子加速器。按照计划，"宙斯"

激光器将在两年内逐步提高到全功率，在 2023 年 10 月开始实验和用户操作。

（二）英国交付 894 纳米单模垂直腔面发射激光器，满足高精度时钟需求

2021 年 3 月，在英国国家量子技术挑战赛资金支持下，英国 TELDENYE E2V 公司、国家物理实验室、约克大学合作，为 KAIROS 项目交付工作波长 894 纳米的单模垂直腔面发射激光器，它具有超高模式稳定性，满足高精度时钟需求。KAIROS 项目目标是开发微型原子钟的预生产原型，为可靠的能源供应、安全的交通链路、移动通信数据网络和电子金融交易等关键基础设施服务提供精确计时。

（三）韩国研制出 57.8 吉赫超快脉冲激光器，有望大幅提高数据传输速率

2021 年 1 月，韩国科学技术研究院研制出频率 57.8 吉赫的超快脉冲激光器，比当前最先进的脉冲激光器高出 1 万倍。研究人员指出，随时间变化的激光波长和强度特性是相关的，如果将谐振器插入激光振荡器，则可周期性地过滤脉冲激光的波长，从而修改激光强度变化的模式。在此研究基础上，研究人员合成出具有吸收和消除弱光特性的石墨烯，并且仅通过使强光进入谐振器即可放大强度。这使高速率精确控制激光强度变化成为现实，从而将脉冲重复速率提高到更高水平。一旦该技术用于数据通信，有望大幅提高数据传输和处理速度。

（四）韩国获得迄今最强激光脉冲，其强度是此前记录的 10 倍

2021 年 5 月，韩国基础科学研究所研究人员使用皮瓦激光器，获得迄今最强激光脉冲，强度高达 10^{23} 瓦/厘米^2，是此前纪录的 10 倍。在本研究中，研究人员使用名为离轴抛物面镜的聚焦光学器件，将 28 厘米激光束聚焦到 1.1 微米宽光斑上，实现最强激光强度——该激光强度相当于将从太阳到地球的所有光聚焦到 10 微米光斑上。超高强度激光是许多科学领域的重要研究工具，包括探索极端条件下发生的新物理现象、光与物质之间复杂的相互作用，以及在实验室研究天体物理现象等。下一步，研究人员计划在不显著增加激光系统尺寸情况下，进一步提高激光强度。

二、光电探测器朝智能化、高灵敏、低噪声、低功耗方向发展

（一）DARPA 启动神经形态红外照相机研发，能有效处理更多动态场景

2021 年 7 月，DARPA 启动"基于快速事件的神经形态照相机和电子技术"项目，通过模仿人类大脑处理信息的方式，研制神经形态红外照相机。目前最先进的照相机可捕捉高分辨率图像，并非常精确地跟踪目标，但需要处理大量数据，因此耗费时间和能量。神经形态红外照相机采用模拟大脑功能的智能芯片，可忽略图像中不相关的部分，只捕捉变化的像素信息，使数据处理量仅为传统先进照相机的 1/100，延迟和功耗均降至 1/100。目前，雷声、BAE 系统和诺斯罗普·格鲁曼公司联合团队正在开发基于事件的红外焦平面阵列、异步读出集成电路及嵌入式处理系统、数字信号处理与学习算法，以智能识别并处理动态目标信息。神经形态红外相机集智能识别和处理于一体，可满足更多动态场景的应用需求，进一步提高红外搜索/跟踪平台、自主作战车辆、机器人等武器系统作战性能。

（二）美国制作出世界首个基于 II 类超晶格的长波红外光电探测器，实现高光学增益、低噪声和高探测率

2021 年 1 月，美国西北大学利用砷化铟/锑化镓和砷化铟/锑化镓/锑化铝/锑化镓 II 类超晶格的异质结光电晶体管结构和能带结构，设计出世界首

个高增益长波红外光电探测器，其具有高增益、低噪声和高探测率等特点。与碲汞镉和量子阱等红外材料相比，Ⅱ类超晶格材料具有高均匀性、低成本、能带结构可设计等优势，易于满足均匀大面阵、双色或多色集成等探测需求，成为制作新型长波红外探测器的首选材料。该技术表明利用Ⅱ类超晶格材料可设计制作高增益、超灵敏长波红外探测器，更好地满足遥感、夜视、光通信、热成像等军事应用需求。

（三） 美国正在开发门控短波红外传感器，将用于高能激光精细跟踪和自适应光学系统

2021年4月，美国联合定向能转化办公室同Intevac光子公司签署价值700万美元合同，用于开发一款门控短波红外传感器，其将用于高能激光2D精细跟踪和自适应光学系统。该传感器基于Intevac光子公司在美国空军机载激光器项目中首次使用的扫描式激光照明观察和测距相机、传统精细跟踪/自适应光学传感器、电子轰击有源像素传感器等技术。其中，电子轰击有源像素传感器技术是基于Ⅲ－Ⅴ半导体光电阴极以及高分辨率、背面减薄的互补金属氧化物半导体阳极实现的，属于国防工业极端微光产品核心技术。

（四） 美国海军启动下一代红外传感器研发，以提升夜视系统性能

2021年11月，美国海军研究办公室向阿肯色大学拨款440万美元，为下一代红外传感器开发夜视技术。目前的红外夜视技术依赖基于碲镉汞等半导体材料的光电探测器，其制造工艺复杂、产量低、大面积均匀性差等，无法与其他必要元器件集成在同一芯片上，导致成本增加，且探测性能、可靠性、效率、速度等受到影响。阿肯色大学将与美国海军水面战中心、半导体设备制造商Arktonics公司合作，设计和制造基于硅锗锡半导体材料的新型红外传感器，实现传感器阵列与互补金属氧化物半导体读出处理电路集成，其性能将更卓越，价格更经济，有望催生新的夜视系统，进一步提高美军夜视能力。

（五）瑞士研制出石墨烯－钙钛矿 X 射线探测器，灵敏度比同类产品提高 4 倍

2021 年 2 月，瑞士洛桑联邦理工学院使用 3D 打印技术，制作出石墨烯－钙钛矿 X 射线探测器。研究人员利用 3D 气溶胶喷射打印设备，在石墨烯基底上打印甲基碘化铅钙钛矿层。其中，钙钛矿充当光子探测器和电子放电器，石墨烯负责放大输出的电信号。测试表明，其灵敏度比同类最佳医学成像设备提高 4 倍，创下新的纪录。石墨烯－钙钛矿 X 射线探测器可以很容易地集成到标准微电子设备中，从而大大提高医疗成像设备的性能。图 1 为气溶胶喷墨打印方法示意图。

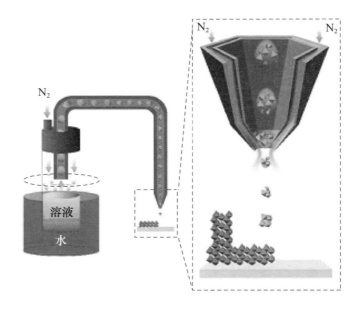

图 1　气溶胶喷墨打印方法示意图

(六) 韩国开发出无需冷却的微测热辐射计,每秒可捕获 100 帧图像

2021 年 4 月,韩国科学技术研究院开发出一种无需冷却的微测热辐射计,能够在 100℃环境工作,既降低成本,又扩大测温范围。为了取消占总成本 10%以上、功耗高的冷却部件,研究人员使用耐高温的氧化钒 B 相薄膜,制造出可探测其产生的红外光的器件,并将光信号转换成电信号;还开发出一种吸收器,可最大程度地吸收外部红外光。与传统微测热辐射计相比,该微测热辐射计响应速度更快,灵敏度提高 3 倍,捕获图像能力提高约 3 倍(每秒可捕获 100 帧图像),可应用于智能手机和自动驾驶汽车。图 2 给出微测热辐射计结构。

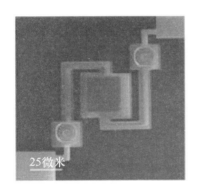

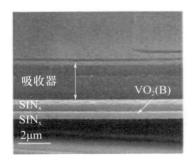

图 2　微测热辐射计结构示意图

（七）美国开发出光电型空间光调制器，有望用于成像、虚拟现实、量子通信和传感等多个领域

2021年10月，美国哈佛大学与华盛顿大学联合开发出光电型空间光调制器，向实现更紧凑、高速、精确的空间光调制器迈出重要一步。目前大多数空间光调制器依靠机械移动部件实现，设备笨重。这款光电型空间光调制器由金电极制成，上面覆盖着一层光电材料薄膜，可以对电信号做出响应，并改变其光学特性。该光电材料由华盛顿大学设计，当电信号施加到这种材料上时，材料折射率会发生变化。通过将这种材料划分为像素，可以用互锁的电极分别控制每个像素的光强度。只需少量电源，该器件就能极大地改变每个像素的光强度，并能有效调制整个可见光谱的光。未来，该空间光调制器将用于成像、虚拟现实、量子通信和传感等多个领域。

（八）德国发现减少陷阱态可提高有机光电探测器性能，为有机光电探测器研发提供支撑

2021年1月，德国德累斯顿应用物理与光子材料综合中心发现，陷阱态决定了有机光电探测器的性能，并最终限制其探测能力。近年来，基于供体－受体系统的有机光电探测器研究已经催生窄带、柔性和生物兼容器件，其中最好器件已实现近100%的外部光伏量子效率。但这些器件在关闭状态下产生的高噪声限制其特异探测能力，严重影响性能。研究人员在这项研究中发现，关闭状态下高噪声是分布在有机半导体中间间隙附近的多余陷阱态的结果。通过测量陷阱的数量，研究人员在陷阱状态特征和有机光电探测器关闭状态之间建立了直接的联系。这一发现不仅阐明了有机光电探测器的运行机理，而且为该领域深入研究奠定基础。

（九）美国设计出带有超快"时间透镜"的量子秒表，有望改进成像技术

2021年8月，美国科罗拉多大学设计出带有超快"时间透镜"的量子秒表（图3），可用于计数单个光子，其精度比现有工具高100倍以上。该项研究的重点是时间相关单光子计数，其工作原理有点像计时器。首先用激光照射所选择的样品，然后记录反弹回来的光子。收集的光子越多，对该物体的了解就越多。这项技术可能导致一系列成像技术的重大改进——从绘制整个森林和山脉的传感器到可以诊断阿尔茨海默病和癌症等人类疾病的更详细的设备。

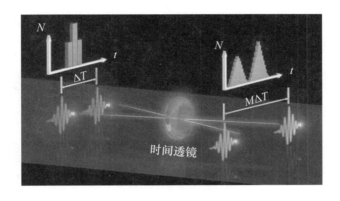

图3 带有超快"时间透镜"的量子秒表

三、光电显示器件朝微型、高性能、多功能、柔性、环保方向发展

（一）英国推出全球首个原生红色Micro-LED显示器，将加快AR眼镜商业化进程

2021年10月，英国剑桥大学Porotech公司制作出世界首款基于原生红

色氮化铟镓的 Micro – LED 微型显示器（图 4），其对角线尺寸为 1.40 厘米，分辨率为 960×540 像素。迄今为止，业界还只能使用氮化镓基发光器件来制造蓝色和绿色 Micro – LED 微型显示器。红色 Micro – LED 微型发光器件需要用到磷化铝铟镓材料，但由其制作的红色 Micro – LED 在 AR 所需尺寸层面遇到很多问题，主要就是这种器件的光效会随着尺寸的缩小而急剧降低。实际上，为了制作出全彩显示器，必须解决红色 Micro – LED 的效率问题，最终将三者结合起来。利用基于原生氮化铟镓材料的红色 Micro – LED，以及绿色和蓝色 Micro – LED 技术，可开发出全彩微型显示器，同时消除了原来使用不同材料结构制作时所需混合器件的复杂性。该技术突破将加速 AR 眼镜商业化进程，并为智能手机和智能手表等产品提供新的显示方案。

图 4　原生红色氮化铟镓微显示器

（二）三星量产 90 赫 14/16 英寸 OLED 显示屏，支持笔记本电脑性能提升

2021 年 9 月，韩国三星显示公司开始量产 90 赫刷新率的 14 英寸与 16 英寸笔记本电脑 OLED 显示屏，其响应速度更快，体验会更加流畅。OLED 屏幕材质不仅更轻薄、能耗低、亮度高、发光率好、刷新率高、可以显示纯黑色,并且还可以做到弯曲、硬件级防蓝光等。根据三星公司内部测试,90赫OLED显示屏在视频播放时模糊长度为0.9毫米,比120赫液晶显示屏模糊长度提高10%。预计联想、三星、华硕、戴尔、惠普等知名品牌电脑都将采用90赫OLED显示屏。

(三) 日本推出双功能LED产品,兼顾照明和杀菌功能

2021年1月,日本日亚化学公司推出照明和杀菌兼顾的双功能LED产品NF2W585AR–P8(图5),尺寸4.0毫米×3.6毫米,它既能提供白光照明,又能提供高剂量能量灭活各种流行细菌。紫外线杀菌常用波长为240~280纳米,近期研究证明,380~420纳米范围可见光也具有杀菌作用。该产品峰值波长约为405纳米,能够在单个LED中实现普通白光照明和消毒杀菌之间的平衡,预计广泛用于食品工厂、厨房、医院、公共设施和类似应用中的环境卫生维护。

图5 NF2W585AR–P8

(四) 韩国展示OLED皮肤贴片,可承受高达30%的皮肤延伸

2021年6月,韩国三星高级技术研究所发布一款可伸缩OLED皮肤贴片原型(图6),其可承受高达30%的皮肤延伸,并且在1000次笔划后保持稳定。可伸缩显示技术要求包括基板、电极、发射多层材料和传感器的薄膜晶体管在内的所有材料和组件都必须具有物理延展性，并能保持其功率。研究人员使用一种具有高弹性的聚合物化合物和一种改性弹性体，首次将其应用于可伸缩 OLED 显示器和光学血流传感器的基板上，随后证实传感器和显示器继续正常工作，当延伸率达到 30% 时，性能没有下降。下一步，研究人员需要在 OLED 分辨率、复合材料延展性和传感器测量精度等方面做更多工作。预计该技术将用于各种身体数据的实时监测和显示，并可用作健身监视器。

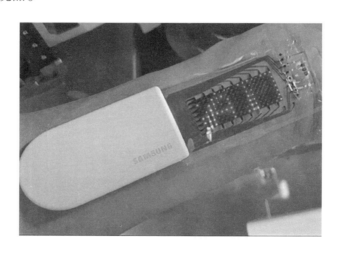

图 6　可伸缩 OLED 皮肤贴片原型

（五）德国制作出可生物降解显示器，其生物降解性已经过独立认证

2021 年 1 月，德国卡尔斯鲁厄理工学院开发出可生物降解的印刷显示器（图 7），其生物降解性已经过独立办公室审核和认证。这是一种由 PE-DOT：PSS 有机聚合物制作的电致变色显示器，该聚合物沉积在二醋酸纤维素基底上，并密封在电解质明胶中，使显示器既具有柔性又具有黏性，可以直接戴在皮肤上。这种喷墨打印工艺非常容易进行商业化生产，也可以小批量定制生产。这是首次展示由喷墨打印生产的可生物降解显示器，将为其他电子元器件可持续创新及生态友好型电子产品生产铺平道路。

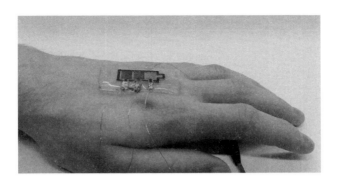

图 7 可生物降解的印刷显示器

（六）韩国推出堆叠式 Micro LED 制造技术，具有省时降本特点

2021 年 10 月 13 日，韩国韩国永宇数字信号处理公司推出超细 R/G/B 堆叠 Micro LED 光源及显示用像素制造核心技术，具有省时降本的特点。堆叠式 Micro LED 制造技术是以晶圆为单位处理 Micro LED 的方法，以便将其用作超高分辨率显示屏。该技术利用几十微米大小的 R/G/B 堆叠 Micro LED 光源制造技术，制造出 360 PPI 的 R/G/B 像素多重排列的部件。该技术可以在实现高密度像素的同时，解决对位精度的难题；同时可大幅缩短封装工序时间，降低成本，将用于智能手表、汽车平视显示器和增强现实显示器等各个领域。

四、光电集成技术研发取得重要突破

（一）欧盟石墨烯旗舰计划取得重要突破，实现基于石墨烯光子器件的晶圆规模生产

2021 年 2 月，英国剑桥大学剑桥石墨烯中心、意大利全国电信大学校际联盟、意大利理工学院等欧盟石墨烯旗舰计划合作伙伴联合推出基于石墨烯光子器件的晶圆规模生产技术，标志着欧盟石墨烯旗舰计划再次取得重要突破。传统上，在瞄准晶圆规模集成时，首先要生长晶圆尺寸的石墨烯层，然后将其转移到硅上。在晶圆上转移一层原子厚的石墨烯，同时保持其完整性和质量是具有挑战性的。这项工作中采用的晶体播种、生长和转移技术确保晶圆级高迁移率石墨烯正好在需要的地方，如图8所示。研究人员利用这种方法，在一个晶圆上获得超过12000个石墨烯晶体，而且与欲制作石墨烯光子器件所需的确切配置和布置相匹配。这是将高质量石墨烯首次集成到晶圆规模上，为基于石墨烯光电器件的大规模生产铺平道路。

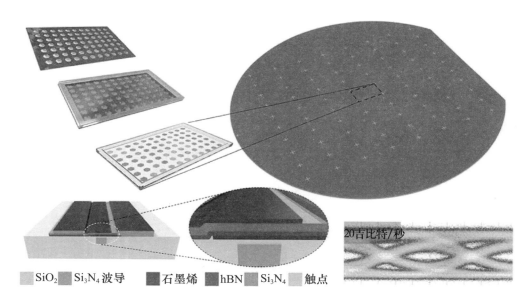

图8 在晶圆上转移石墨烯层

（二）美国找到生成单量子点的方法，有望实现量子光子芯片生产

2021年2月，在美国空军科学研究办公室和美国陆军研究办公室支持

下，美国南加州大学研究人员证实，单光子可从精准排列的量子点上以均匀方式发射，并利用这种方法生成单量子点，单光子发射特性非常显著。为了创建电路量子点的精确布局，研究团队利用"衬底编码尺寸缩小外延"方法，在由砷化镓组成的平坦半导体衬底上生成具有确定边缘方向、形状（侧壁）和深度的纳米级网格的规则阵列。然后，通过使用有关技术添加适当的原子，在网格的顶部创建量子点。这项工作创造了有序可扩展的量子点新的世界纪录，在单光子发射的同时纯度大于99.5%，发射光子的波长均匀性可以窄到1.8纳米，比一般量子点好20~40倍。这项研究成果意味着可以利用成熟的半导体处理技术制造出可扩展的量子光子芯片。

（三）以色列正在研发光电集成代工工艺，为DARPA"通用微型光学系统激光器"提供支撑

2021年1月，在DARPA"通用微型光学系统激光器"项目支持下，以色列托尔半导体公司正在研发硅基集成激光器的代工工艺。硅基集成激光器的益处包括：增加激光器的密度，减少激光器和光电子器件之间的耦合损耗，减少所需器件，极大简化封装方案。该工艺将结合高性能Ⅲ-Ⅴ激光二极管与托尔半导体公司PH18硅光电平台优势，实现当今无法从批量半导体或光子学代工厂获得的新产品，满足国防应用和商业需求。

（四）德国启动纠缠光子紧凑型片上光子对源项目，将支撑量子技术应用

2021年3月，德国弗劳恩霍夫应用固体物理研究所启动纠缠光子紧凑型片上光子对源项目，实现工业量子技术的应用。量子技术应用的基础是各种量子现象和基本粒子的物理定律，其中包括纠缠光子的影响，这是高精度传感器技术和安全量子通信前景概念的基础。为将这些技术应用到光子电路中，就需要一种紧凑而高效的纠缠光子对源。目前，正在研究将砷化铝镓作为产生纠缠光子源的波导，砷化铝镓可以实现特别紧凑的设计和芯片集成，最终目标是将量子通信所需的所有功能（单个和纠缠的光子的生成、操纵和检测）集成至同一芯片。

（国家工业信息安全发展研究中心　李茜楠）

2021年真空电子器件技术发展综述

2021年，真空电子器件技术研发取得新的进展，美国研制出6兆瓦S波段带状注速调管，代表了带状注速调管的最高功率水平；美国将启动新型行波管放大器技术研发，以满足DARPA"波形敏捷射频定向能"项目需求；俄罗斯研制出0.5太赫高性能回旋管，达到同类产品最高功率水平；法国研制出250瓦Ka波段宽带空间行波管；美国利用直接耦合回旋管的方法实现等离子体加热，还利用3D打印技术制造行波管高频结构组件。

一、美国研制出6兆瓦S波段带状注速调管，代表带状注速调管的最高功率水平

2021年4月国际真空电子会议报道，美国万睿视成像公司、Klystronix公司等研制出6兆瓦S波段带状注速调管。初步测试结果为：在S波段，当该带状注速调管电子枪脉冲电压60千伏时，测得射频峰值功率6.1兆瓦；其在工作时不会受到横电波（TE）模式不稳定性的干扰；电子注流通率几乎达到100%，并且整管没有振荡的迹象。这次测试证明，带状注速调管的

正常工作运行不会因 TE 模式不稳定而中断。图 1 给出 S 波段带状注速调管样管及试验照片。

图 1 S 波段带状注速调管样管及试验照片

二、美国将启动新型行波管放大器技术研发，以满足 DARPA "波形敏捷射频定向能"项目需求

2021 年 2 月，DARPA 微系统技术办公室发布"波形敏捷射频定向能"（WARDEN）项目招标书，寻求对极端功率、宽带放大器和灵巧波形技术的创新研究和开发，以改善电磁耦合和对目标电子设备的干扰效果，目标是将高功率微波后门攻击的起效距离在当前技术水平的基础上提高 10 倍，大大提升高功率微波武器的战场适应能力和实战化能力。该项目更加注重高功率微波武器技术的基础问题，预计美国将启动新型行波管放大器技术研

发,其满足以下要求:①具有必要的频率灵活性,可最大限度地将电磁能量耦合到目标电子器件中;②必须支持波形调制,降低电子器件对电磁辐射破坏的敏感性阈值;③具有功率合成所必需的相位相干性。

三、俄罗斯研制出 0.5 太赫高性能回旋管,达到同类产品最高功率水平

2021 年 4 月国际真空电子会议报道,俄罗斯科学院应用物理研究所在太赫兹回旋管研究方面取得突破性进展,研制出连续波 0.526 太赫/240 瓦回旋管和脉冲 0.53 太赫/200 千瓦回旋管,它们分别代表同类回旋管的最高功率水平。连续波回旋管在电流 600 毫安、电压 15 千伏条件下,最大输出功率可达 240 瓦(效率约 2.8%)。脉冲回旋管工作在 0.53 太赫频率,在 20 微秒单脉冲运行模式下,且脉冲之间延迟约为 2 分钟,输出功率可达 200 千瓦。本研究突破为先进光谱科学(如动态核偏振、核磁共振和电子顺磁共振)开辟新的前景。

四、法国研制出 250 瓦 Ka 波段宽带空间行波管,代表真空电子器件在空间应用领域的新突破

2021 年 4 月国际真空电子会议报道,法国泰勒斯 AVS 公司研制出 250 瓦 Ka 波段宽带空间行波管,如图 2 所示。在卫星系统中,中继器需要提供更多的射频功率,以增加卫星的功率容量,从而获得更高的数据传输速率。为满足这一需求,泰勒斯 AVS 公司开发出 250 瓦 Ka 波段宽带空间行波管,

其在 2 吉赫带宽内提供超过 250 瓦的射频功率，在 2.9 吉赫带宽内提供超过 240 瓦的射频功率。目前，此宽带空间行波管已投入生产。

图 2　250 瓦 Ka 波段宽带空间行波管

五、美国利用直接耦合回旋管的方法实现等离子体加热，可提高传输效率及进入传输线的模式纯度

2021 年 4 月国际真空电子会议报道，美国 Calabazas Creek 研究所、Lexam 研究所、通用原子公司利用直接耦合回旋管的方法对等离子体进行加热。电子回旋共振加热是大多数聚变等离子体研究的主要项目，从几百千瓦到 1 兆瓦以上的电子回旋共振加热射频功率都由回旋管产生。这三家单位联合研发出一种直接耦合器，取代原有的发射器与转换器。实验证实，直接耦合器可以使得回旋管正常运行，使其与传统高斯模式系统具有相同的输出功率和效率。采用直接耦合器将不再需要镜面光学元件，节省成本并简化传输线，还减少约 4% 的射频损耗，并提高进入传输线的模式纯度。

六、美国利用 3D 打印技术制造行波管高频结构组件,为未来真空电子器件的批量生产开辟道路

2021 年 4 月国际真空电子会议报道,美国 SLAC 加速器中心、海军研究实验室等单位联合通过电子束熔化铜材制造出 X 波段耦合腔行波管三腔结构(图3),并对其放气性进行了试验。研究人员开发出电子束熔化99.9% 无氧铜的工艺,使氧含量降低到 20×10^{-6},以使这些铜材适用于常规氢钎焊;还开发出打印行波管高频结构组件的机器平台,4 英寸的机器平台可同时打印 6 个慢波结构组件,大约用时 10 小时,每个组件高度 15.2 厘米。测试表明,行波管高频结构组件放气性能得到明显改善,1.5 毫米厚铜材慢波结构,其氦泄漏率优于 1×10^{-10} 托·升/秒;非钎焊样品的放气速率约为 3×10^{-10} 托·升/(秒·厘米^2)。

图 3　X 波段耦合腔行波管三腔结构

(中国电子科技集团第十二研究所　寇建勇　潘攀)

2021 年传感器技术发展综述

2021 年，传感器产品和技术研发取得重要进展，主要体现：物理传感器新产品不断涌现，将进一步提升装备性能；化学传感器功能不断扩大，满足新的检测需求；生物传感器致力于新原理、新材料和应用创新，成果喜人；传感器创新技术侧重智能化和超材料，支持人机交互。

一、物理传感器新产品不断涌现，将进一步提升装备性能

（一）美国发布首批量子图像传感器，有望取代传统 CMOS 图像传感器

2021 年 5 月，美国 Gigajot 技术公司发布首批量子图像传感器：GJ01611 和 GJ00422（图 1），标志着固态成像新时代的到来。这批基于 CMOS 的量子图像传感器采用 Gigajot 专利传感器结构和像素设计，实现创纪录的低噪声，能够准确探测单个光子。这款量子图像传感器采用小像素、高分辨率格式，能够在室温下以全速工作状态进行光子计数，并具有高动态范围。与传统小像素互补金属氧化物半导体图像传感器相比，量子图像传感器读出噪声性能提高 5~10 倍，可实现以前无法实现的超低照度成像，适用于国

防、航天、科学、医疗、工业等领域高性能成像。

图1　量子图像传感器

（二）美国正在开发可穿戴式射频武器攻击探测器，可有效识别战场威胁

2021年5月，美国国防部正在推进"可穿戴射频武器攻击探测器"项目，旨在研发低成本、低重量、小尺寸、可穿戴式定向能武器传感器，它具有成本极低、误报率极低、易读等特点。该技术研发分为3个阶段：第一阶段重点是分析与美国及其盟国军用射频设备及潜在敌军武器系统发射信号和频率相关的射频生物效应；第二阶段重点是开发和测试传感器组件，并进行环境测试；第三阶段重点是将成果移交用户，在军民领域推广应用，包括美国空军、陆军，以及民用医疗、工业、制造和测试等领域。目前，包括射频武器在内的定向能武器已成为战场上日益增长的威胁，如果没有相应的探测器，则可能无法获得射频攻击的证据。可穿戴式射频探测器用于发射信号并记录射频能量的有害水平，使工作人员能够及时采取适当的防护措施，对射频辐射损伤进行可靠诊断，并作为确定战场威胁的重要情报资源。

(三) 美国开发出新型全向深度传感器,可用于机器人和工业平台

2021年6月,美国捷普公司光学设计中心将定制光学组件与主动照明方法相结合,开发出3D飞行时间全向深度传感器,视场360°×60°,如图2所示。与传统3D飞行时间传感器相比,该全方位传感器的沉浸式视野允许无缝探测和跟踪机器人路径中的物体,旨在改善避障。此外,它创造性地利用场景信息动态控制照明,显著降低传感器噪声,同时改善数据质量和电源管理,可用于机器人和工业平台。

图2 全向深度传感器

(四) 英国开始量产石墨烯霍尔传感器,可在极端温度下进行测量

2021年9月,英国Paragraf公司开始批量生产石墨烯霍尔传感器,这是业界唯一一款可在极端温度(低于3开)下测量7特斯拉以上磁场强度的霍尔传感器,散热量仅为纳瓦级。这款低温传感器可直接在冷孔中测量,无需使用室温插入件,能够更快地收集高品质数据,可广泛用于超导、量子计算、高能物理、低温物理、聚变和空间领域。

(五) 法、意开发出全球首款50千赫MEMS陀螺仪,性能指标达到最佳水平

2021年4月,法国原子能委员会电子信息技术实验室与意大利米兰理

工大学合作，开发出全球首款工作频率 50 千赫的 MEMS 陀螺仪（图3），比传统 MEMS 陀螺仪工作频率提高 2 倍以上，甚至超过汽车、工业和航空等恶劣环境常见的振动频率。该陀螺仪尺寸 1.5 毫米^2，其偏压、噪声、线性度指标都超越目前的最高水平，即使在高频系统振动中也能探测极微小的旋转运动；还可与 3 轴 MEMS 加速度计和/或高性能 MEMS 压力传感器一起集成在单颗芯片上。

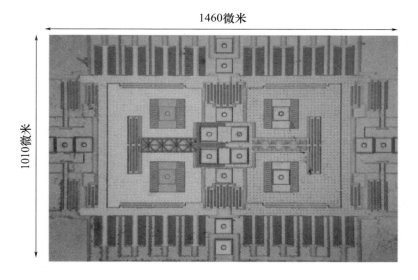

图3　50 千赫 MEMS 陀螺仪芯片显微图

（六）美国发布新型太空速率传感器，提供高性能卫星导航

2021 年 6 月，美国霍尼韦尔公司发布 HG4934 太空速率传感器（图4），可以更低成本和功耗提供高性能卫星导航。该传感器质量 145 克，体积约 80 厘米^3，功耗不足 3 瓦；与霍尼韦尔同类产品相比，质量降至 1/32，体积缩至 1/60，功耗降至 1/5，且抗辐射性能更优，可用于国防、商业和科学应用等领域。

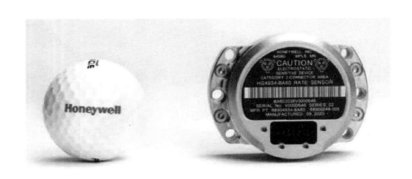

图 4　HG4934 太空速率传感器

（七）以色列正在研制下一代光学惯性传感器，满足高端惯导系统需求

2021 年 4 月，在以色列国防部国防研究与发展局资助下，阿尔切洛（Al Cielo）公司正在开发下一代光学惯性传感器。现有高性能陀螺仪主要包括环形激光陀螺仪和闭环光纤陀螺仪，虽然性能卓越，但过于庞大、笨重且昂贵，新兴振动陀螺仪（如微半球陀螺仪和半球谐振陀螺仪）则性能欠佳、体积庞大。该传感器技术基于芯片可集成高品质因数光学腔，其尺寸可缩小到指甲大小，有助于显著降低传感器成本，同时提高性能和整体鲁棒性，确保高可靠性。

（八）日本发布新款 MEMS 气压传感器，具有小尺寸、高精度特点

2021 年 10 月，日本罗姆公司发布新款紧凑型高精度 MEMS 气压传感器 BM1390GLV－Z，非常适合家用电器、工业设备和小型物联网设备。该传感器将 MEMS 和专用集成电路与独创的防水技术相结合，具有 IPX8 防水等级；采用基于专有算法的温度补偿功能，确保宽温度范围内气压测量精度的稳定性；陶瓷封装则可最大限度地减少电路板安装过程中机械应力引起的器件特定性能的波动。

综合动向分析

（九）美国推出 TMAG5170 型 3D 霍尔效应位置传感器，支持更快的实时控制

2021年9月，美国德州仪器公司推出 TMAG5170 型 3D 霍尔效应位置传感器，支持快速实现精确的实时控制。该传感器无需片外计算，通过角度计算引擎、平均值测量以及增益和偏移补偿等集成特性，便可实现传感器和磁体的灵活定向，从而简化系统设计并更大程度提高灵活性。此外，其借助一套独特的智能诊断功能（如检查通信、连续性和内部信号路径）以及可针对外部电源、磁场和系统温度进行配置的诊断功能，提高安全性。因此，工程人员能够定制芯片和系统级安全方案，实现长期可靠性和更低的设计成本。

（十）意法半导体公司推出超低功耗、高性能 MEMS 加速度计，满足新兴的汽车应用需求

2021年2月，意法半导体公司发布 AIS2IH 三轴线性 MEMS 加速度计。该传感器工作稳定范围 –40 ~ 115℃，包括1种高性能模式和4种低功耗模式，具有更高分辨率、温度稳定性和机械稳定性，以及超低功耗等特点，可满足新兴的汽车应用需求，如数字行车记录仪、驾驶员监控、车辆悬架中的垂直液位感应、车门自动化，还可用于工业物联网及医疗领域。

（十一）日本推出新一代超低噪声 MEMS 气压传感器，可测量5厘米内高度变化

2021年9月，日本 TDK 株式会社推出 ICP–20100 型新一代 MEMS 气压传感器（图5），具有超低噪声气压传感功能，可测量不到5厘米的高度变化。该传感器采用创新型电容式 MEMS 架构，功耗和噪声更低。其可在更大温度范围内工作，并提供各种应用所需的测量精度，包括三维地理定位、

紧急定位服务、室内移动、室外导航、运动和健身活动追踪、无人机高度保持等。

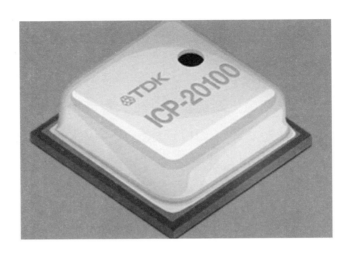

图 5　ICP-20100 型气压传感器

二、化学传感器功能不断扩大，满足新的检测需求

（一）美国开发出电子鼻原型，可模拟人类嗅觉

2021 年 4 月，美国圣母大学开发出一款电子鼻原型（图 6），其使用纳米工程材料来调节气体传感器的灵敏度和选择性，以模拟人类嗅觉系统。这项任务非常具有挑战性，因为人类鼻子有大约 400 个气味受体，能够分辨出数百万种不同气味。研究人员认为，气体的化学性质会影响传感材料的电性能。通过控制纳米工程材料的大小和形状，能够开发出更精准、更高效、更经济的传感器，用于检测空气污染物或温室气体，嗅探毒品和炸弹等。

综合动向分析

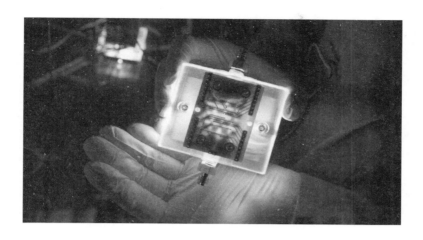

图6　电子鼻原型

（二）德国开发出石墨烯气体传感器，支持更快的实时控制

2021年9月，德国卡尔斯鲁厄技术学院和达姆施塔特技术大学利用石墨烯场效应晶体管和定制金属有机涂层，开发出一种新型气体分子传感器。石墨烯场效应晶体管具有高灵敏度，金属有机涂层具有高选择性，将二者结合开发的气体传感器能够有针对性和选择性地检测和识别气体分子。作为一个实例，研究人员展示了一种特殊的乙醇传感器，与目前商用传感器不同，它既不与酒精反应，也不与水反应。

（三）爱尔兰制作出微型变色气体传感器，可用于智能、可穿戴设备

2021年4月，爱尔兰都柏林圣三一大学和爱尔兰科学基金会先进材料和生物工程研究中心利用高分辨率3D打印技术和新材料制作出微型变色气体传感器，如图7所示。孔雀羽毛的鲜艳色彩是由光线与羽毛上微小物体相互作用引起的，借此灵感，研究人员利用激光直写技术构建响应式光子结构。该传感器能够以较低成本实时监测气体，并用于智能家居、便携式设备、可穿戴设备之中。

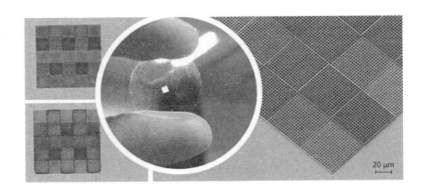

图 7 微型变色气体传感器

三、生物传感器致力于新原理、新材料和应用创新，成果喜人

（一）美国研制出碳纳米管传感器，可快速检测新冠病毒

2021 年 9 月，美国麻省理工学院使用专门的碳纳米管设计了一种新型传感器，如图 8 所示。其可在没有任何抗体的情况下检测新冠病毒，并在

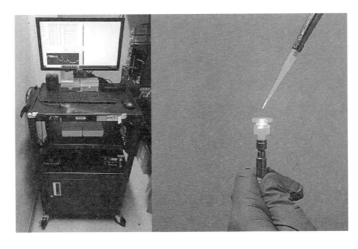

图 8 包含碳纳米管传感器的光纤尖端

5分钟内给出结果。该传感器基于可快速准确诊断的技术，不仅适用于新冠疫情，还适用于未来流行病。研究人员表示，即使没有任何抗体和受体设计，该传感器也显示出最高范围的检测限值、响应时间和唾液兼容性。这种分子识别方案的独特之处在于，可进行快速设计和测试，不受传统抗体或酶受体开发时间和供应链要求的限制。

（二）比利时制作出最小生物传感器，有望实现分子级检测

2021年1月，比利时微电子研究中心在其300毫米无尘室采用互补金属氧化物半导体兼容工艺制作出基于FinFET的最小生物传感器（图9），翅片宽度13纳米，栅极长度50纳米。由于场效应晶体管具有高集成度和低成本特点，在DNA、蛋白质和病毒检测以及pH值传感等生物感知应用中受到广泛关注。当生物分子与经过化学修饰的栅极电介质表面结合时，其阈值电压会发生变化，从而产生可测量的信号。该中心的FinFET在高集成度和并行化方面具有优势，目前检测极限为几十个分子，最终目标是实现感应单个DNA分子。

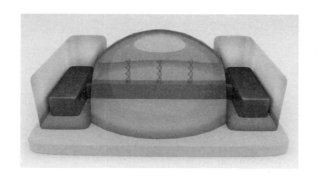

图9 FinFET生物传感器

（三）美、阿、德联合研制出DNA传感器，可快速确定病毒传染力

2021年9月，美国、阿根廷和德国研究团队开发出一种DNA传感器，其集成了专门设计的 DNA 片段和纳米孔感测仪，在无需对病毒样品进行预先处理情况下，只要几分钟即可检测出具有传染性的病毒，并已用人类腺病毒和新冠病毒进行验证。该传感器对于遏制病毒传播、监测环境非常重要；相关技术还可进一步拓展，用于检测其他新型传播病毒病原体，如诺沃克病毒和肠病毒，或者检测出新冠病毒新变异毒株。

（四）英、美联合开发出多功能镜片传感器系统，将给智能隐形眼镜带来革命性变化

2021 年 1 月，英国萨里大学、美国国家物理实验室、哈佛大学等单位利用二硫化钼晶体管，开发出一款多功能超薄隐形眼镜传感器系统。该传感器系统包含一个用于接收光学信息、成像和视觉辅助的光电探测器，一个用于诊断潜在角膜疾病的温度传感器，以及一个直接从泪液中监测葡萄糖水平的葡萄糖传感器。这款超薄传感器可以直接安装在隐形眼镜上，并与泪液保持直接接触，具有组装简单、检测灵敏度高、生物相容性好、机械鲁棒性强等特点，能提供来自眼睛的多样化信号，可与先进数据分析算法相结合，为用户提供个性化精准分析，并为设计其他多功能电子产品提供新的方向。

（五）日、澳、新研制出纳米级金刚石传感器，可用于细胞研究

2021 年 4 月，日本大阪大学、澳大利亚昆士兰大学和新加坡国立大学联合研制出纳米级金刚石传感器（图 10），可用于确定空间分辨率约 200 纳米的活细胞热导率。该传感器由涂覆散热聚合物（聚多巴胺）的微小纳米金刚石制成，当其进入液体或细胞并用激光照射时，传感器既发出荧光充当加热器，又发出热量充当温度计，且所发出光的属性取决于温度，因此可以计算出从传感器到周围环境的热导率。未来，该传感器将用于基础细胞研究、疾病诊断及治疗。

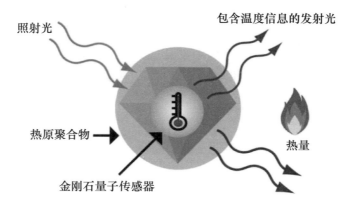

图 10　纳米级金刚石传感器示意图

四、传感器创新技术侧重智能化和超材料，支持人机交互

（一）美国推出智能织物传感器设计方案，有望革新下一代人机交互

2021 年 9 月，美国 BeBop 传感器公司推出一款专为下一代人机交互而设计的新型智能织物传感器设计方案，如图 11 所示。该方案包括一块小型织物传感阵列（16×16）和一款软件工具包，能够在任何曲面或平面上试

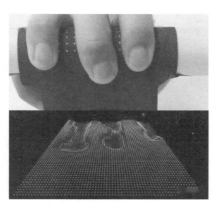

图 11　智能织物传感器

验触摸界面,并将新的概念设计快速推向市场。它利用轻触、滑动和多点触控等手势取代传统按键、旋钮或开关,具有更流畅的美学效果和可编程的交互界面,可用于医疗和健身设备、防护设备、玩具、消费电子产品、家庭自动化等。

(二) 美国制作出力传感超材料结构,使物体能够感知用户交互信息

2021年9月,麻省理工学院利用3D打印制作的超材料结构将电极直接集成到物体中,从而使物体能够感知用户交互信息。超材料可以感知按压、加速度、开关、剪切力,支持不同的机械功能,如操纵杆、开关或手持式控制器。因为利用电容感应原理,测量不同导电极之间的距离和重叠情况变化,可以计算力的大小和方向,以及旋转和加速度。研究人员将电极集成到由超材料制成的结构中,还创建了编辑软件,帮助用户构建这些互动器件。图12为利用3D打印技术制作的由柔性晶胞组成的超材料操纵杆。大多数晶胞使用非导电丝打印,手柄底部周围晶胞的晶胞壁则由称为"导电剪切晶胞"的导电丝制成。

图12 3D打印超材料操纵杆

(中国电子科技集团第四十九研究所 亢春梅)

2021 年电能源技术发展综述

2021 年，电能源技术研发取得重要进展，主要体现：光伏电池光电转换效率再创新高，致力性能提高的新技术不断涌现；锂电池容量、寿命、安全性能显著提升，新技术重在材料研发；燃料电池新产品问世，新技术研发面向提高效率和环保；大容量柔性电池研发取得新进展；石墨烯集能、铝离子电池等新型电池研发取得重要突破，性能指标令人鼓舞。

一、光伏电池光电转换效率再创新高，新技术致力提高性能

（一）德国展示砷化镓太阳电池光电转换效率达 68.9%，创下新的世界纪录

2021 年 6 月，在第 48 届 IEEE 光伏专家大会上，德国弗劳恩霍夫太阳能系统研究所展示了光电转换效率达 68.9% 的砷化镓太阳电池（图 1），这是迄今为止获得的最高光电转换效率。这款薄型太阳电池由砷化镓制成，在其半导体结构背面应用几微米厚的高反射率导电镜。当作为光源的单色激光与半导体化合物材料相匹配时，理论上就可实现高效率。在这种能量

传输形式中，激光能量通过空气或光纤传输给光伏电池，光伏电池性能与单色激光的功率和波长相匹配。该方法在效率方面具备明显优势：①光子被捕获在电池中，对于接近带隙的光子能量吸收达到最大化；②这最大限度地减少热损耗和传输损耗，使电池效率更高；③通过辐射重组额外产生的内部光子被捕获，并有效循环，延长了有效载流子寿命，并提高了电压。

图1 砷化镓太阳电池

（二）瑞士将柔性太阳电池效率提高到21.4%，创下新的世界纪录

2021年9月，瑞士联邦材料科学与技术实验室研制出光电转换效率达21.4%的铜铟镓硒柔性太阳电池（图2），创下新的世界纪录。研究人员利用低温共蒸发技术，在一层薄聚合物层上"长出"一层半导体薄膜，通过调整薄膜成分和碱掺杂剂使其具有电性能，并提高光伏性能。未来，柔性太阳电池将用于屋顶、建筑立面、移动电子设备、飞机和地面车辆等平台。

图 2　柔性太阳电池

（三）韩国研制出透明太阳电池，将开启个性化能源新时代

2021 年 1 月，韩国仁川国立大学研制出完全透明的太阳电池（图 3），将开启个性化能源新时代。该太阳电池由玻璃基底和金属氧化物电极组成，在其上先后沉积二氧化钛和氧化镍薄层，并沉积银纳米线作为电池的另一电极。测试表明，其光电转换效率为 2.1%，考虑到这款电池只针对光谱信号的一小部分，所以其性能非常好。该电池还具有高响应性，可以在弱光条件下工作。此外，该电池能使超过 57% 的可见光透过电池层。下一步，通过优化措施，可进一步提高透明太阳电池的性能。

图 3　透明太阳电池

（四）日本通过设计晶种生长技术，大幅延长钙钛矿太阳电池寿命

2021年5月，日本金泽大学通过设计晶种生长技术，改进钙钛矿薄膜质量，从而延长钙钛矿太阳电池寿命。在钙钛矿晶体生长工程中，研究人员将 $Cs_{0.05}(FA_{0.83}MA_{0.17})_{0.95}Pb(I_{0.83}Br_{0.17})_3$ 前驱体溶液旋涂在离子液体辅助 MAPbI3 纳米粒子上，离子液体具有高沸点和极低蒸气压，它在旋涂过程中延迟晶体形成并产生均匀的成核作用，能够显著改善大单晶畴钙钛矿薄膜的品质，从而改善光收集、器件性能和运行稳定性。

（五）韩、美研究人员通过强化电荷载流子管理，提高钙钛矿太阳电池性能

2021年1月，韩国化学技术研究所与美国麻省理工学院提出通过增强电荷载流子管理来改善钙钛矿太阳电池性能的整体方法。首先，研究人员通过调整二氧化锡的化学浴沉积来开发具有理想膜覆盖率、厚度和成分的电子传输层。其次，分别对体相、界面进行缺陷钝化，尽量降低对能带排列的损害，同时改善电池性能。在正向偏压中作为发光器件，实现17.2%的电致发光外量子效率、21.6%的能量转换效率；作为太阳电池器件，认证电池能量转换效率达到25.2%，对应于能带热力学极限的80.5%。

（六）沙特利用敌草快作为掺杂剂，提高有机太阳电池光电转换效率

2021年1月，沙特阿拉伯王国阿卜杜拉国王科技大学通过添加敌草快（$C_{12}H_{12}Br_2N_2$）作为掺杂剂的办法，提高有机太阳电池的光电转换效率。大多数光电器件包括N型区域和P型区域，产生N型材料的杂质称为施主，而受主杂质则形成P型材料。研究人员已开发出通过电化学还原带电敌草快稳定生成中性敌草快的工艺，并将敌草快作为分子施主掺杂剂，添加到两个有机光伏材料系统中，其光电转换效率分别从16.7%提高到17.4%和18.3%。这些改进可能是因为敌草快分子既增加材料的光吸收率，又延长光吸收时电荷的寿命，这使敌草快有望成为下一代有机太阳电池的重要材料。

二、锂电池容量、寿命、安全性能显著提升，新技术重在材料研发

（一）美国研发出带硅阳极的锂离子电池，为全球能量密度最高锂电池

2021年6月，在美国国防部等机构支持下，Nanograf公司研发出带硅阳极的18650型圆柱形锂离子电池，其能量密度为800瓦·时/升，创下锂电池行业新的世界纪录。该电池功率3.8安·时，比采用石墨阳极的锂离子电池提高28%，将更好地满足军事装备、电动汽车、消费电子产品的需求。

（二）美国通过优化集流体设计，使锂电池比能量提高10%~20%

2021年6月，美国哥伦比亚大学研究表明，通过优化集流体设计，可使锂电池比能量提高10%~20%。随着高比能量锂金属电池中的电极和电解质材料的优化，集流体"自重"百分比增加，这使得减轻集流体重量成为研究重点。哥伦比亚大学研究人员通过研究分析了集流体重量减轻对锂-高镍氧化物电池和锂硫电池比能量的影响，以及带来的其他益处和挑战。研究表明，锂金属电池系统中集流体重量减轻可使电池系统比能量增加5%~20%；考虑到电极和电解质的重量通常较小，集流体重量减轻对于锂硫电池比能量的影响比锂/高镍氧化物电池更明显。

（三）美国设计出分级结构固态电池，20C充放循环寿命上万次

2021年5月，美国哈佛大学设计了一种具有界面稳定性的分级结构固态电池，以实现超高电流密度下稳定循环，且无锂枝晶渗透现象发生。具体来讲，多层设计将不太稳定的电解质（如 $Li_{10}Ge_1P_2S_{12}$）夹在更稳定的固态电解质（如 $Li_{5.5}PS_{4.5}Cl_{1.5}$）之间，通过在不太稳定的电解质层中进行良好的局部分解，以防止锂枝晶生长。同时，研究提出一种类似于膨胀螺丝效

应的机制，即任何裂纹都由动态且受到良好约束的分解产生，且该约束由分解引起的"锚定"效应所产生。测试表明：由锂金属负极与 $LiNi_{0.8}Mn_{0.1}Co_{0.1}O_2$ 正极构成的锂金属电池具有非常稳定的循环性能，在 20C（8.6 毫安/厘米^2）倍率下，2.0～4.35 伏电压范围内循环 10000 次之后，容量保持率高达 82%；在 1.5C（0.64 毫安/厘米^2）倍率下，2.5～4.2 伏电压范围内循环 2000 次之后，容量保持率达到 81.3%。此外，该设计在微米级正极材料中实现 110.6 瓦·时/千克的比功率和 631.1 瓦·时/千克的比能量。

（四）美国研制出超薄锂负极，可使锂金属软包电池寿命延长 9 倍

2021 年 5 月，美国斯坦福大学崔屹研究团队基于厚度可调的氧化石墨烯（0.3～20 微米）集流体，利用熔融锂注入方式制备超薄（0.5～20 微米）、自支撑且机械性能优异的锂金属负极。与传统纯锂金属箔（厚度为 50～750 微米）相比，0.1～3.7 毫安·分钟/厘米^2 的低面容量打破了商业化锂箔厚度和容量的限制（20～750 微米，4～150 毫安·时/厘米^2），同时该复合锂箔的机械强度也大大提高，其硬度提高 525%，可抵抗永久性塑性变形。该技术可使锂离子全电池容量提高 8%，锂金属全电池循环寿命延长 9 倍。

（五）日本研究发现，清洁的电解液/电极界面有助于提高固态锂电池容量

2021 年 1 月，日本东京工业大学通过实验证明，清洁的电解液/电极界面是提高固态锂电池容量的关键，同时确保快速充电的低界面电阻。固态锂电池具有更高的能量密度和安全性，但其商业化仍面临诸多技术挑战。东京工业大学研究发现，干净的界面促进了锂在固态锂电池充放电过程中的插层和脱层。因此，具有清洁接口的固态锂电池容量是传统 LNMO 基电池的 2 倍。此外，研究还首次发现固态锂电池中 L_0NMO 相与 L_2NMO 相之间稳定的可逆反应。这项研究有助于改进固态锂电池设计。

（六）德国、芬兰合成单原子厚新型碳材料，有望用作锂电池正极材料

2021年5月，德国马尔堡大学和芬兰阿尔托大学联合制备出一种新型碳材料——联苯烯网络（图4），它像石墨烯一样，仅一个原子厚，但原子结构和电子特性与石墨烯截然不同，有望在电池等领域找到用武之地。研究人员将含碳分子组装在光滑金表面上制得这种新材料：含碳分子首先形成由连接的六角形组成的链，随后这些链连接在一起，形成正方形和八角形。在连接前，只有相同类型的链会聚集在金表面，形成有序组合。这对于新碳材料的形成至关重要，因为不同类型的链之间发生反应只会生成石墨烯。该研究的独特之处是使用分子前体，通过调整分子前体，以产生联苯烯而非石墨烯。在这种新碳材料中，碳原子之间彼此连接，形成正方形、六角形和八角形，再组合成有序的晶格，其可以作为锂离子电池的正极材料，与目前的石墨烯基材料相比，该材料储锂容量更大。

图4　联苯烯网络

（七）日本发现抑制全固态锂金属电池中枝晶的重要因素，为提高锂溶解/沉积循环性能提供新的策略

2021年6月，日本大阪府立大学通过研究由锂金属和$Li_2S-P_2S_5$固态电

解质之间副反应形成的界面对锂溶解/沉积行为的影响，发现具有高离子电导率锂－固态电解质界面层可有效抑制全固态锂金属电池中的枝晶，为设计锂/固态电解质界面提高锂溶解/沉积循环性能提供了新策略。全固态锂金属电池已成为新一代高比能量电池最具吸引力的选择，但因负极侧锂枝晶生长而引起的电池短路仍然是一个严重的问题。为探讨锂枝晶生长原因，大阪大学研究了锂金属与固态电解质之间界面层的电子和离子电导率。研究表明，固态电解质复合物的离子电导率越高，锂溶解/沉积性能越好。该研究为锂的溶解/沉积提供一个新的视角，即锂/固态电解质界面离子电导率是一个重要因素。

（八）美国揭示不良微观结构是活性材料高分数时性能不佳的根源，有助于优化全固态电池活性材料

2021年6月，美国休斯顿大学研究揭示了不良的微观结构是活性材料高分数时性能不佳的根源。该团队采用溶剂辅助工艺来调整材料微观结构，将活性物质的比例从20%提高到40%，同时还能保持较高的利用率（97.6%）。由此产生的电极比能量为302瓦·时/千克，比最先进的有机正极固态电池高83%。基于芘－4，5，9，10－四酮（PTO）与硫代磷酸锂之间独特的界面化学，研究人员提出一种依赖电位的可逆中间相演化模型。这项研究说明，微观结构工程在优化全固态电池新型活性材料中的关键作用。

三、燃料电池新产品问世，新技术研发面向提高效率和环保

（一）美国研制出指尖能量采集装置，可支持自维持可穿戴电子产品

2021年7月，美国加州大学圣地亚哥分校开发出指尖能量采集装置，

可从指尖汗水中获取能量,如图 5 所示。这是一种生物燃料电池,由乳酸(一种溶解在汗液中的化合物)提供动力。从外观看,它是一条薄而柔软的带子,尺寸约为 1 厘米^2,可以像创可贴一样缠绕在指尖上。之所以选择指尖,是因为与身体其他部位相比,指尖的汗腺密度最高。测试表明,在 10 小时睡眠期间内、无需任何机械能量输入的情况下,其收集了近 400 毫焦耳的能量,这足以为一块电子表提供 24 小时电力;只需按一下手指,就能额外产生 30 毫焦能量;通过 1 个小时的随意打字和点击鼠标,可收集近 3000 毫焦能量。这是有史以来发明的最高效身体能量收集器,意味着可自维持的可穿戴电子产品向更实用、更方便、更大众化方向迈出重要一步。

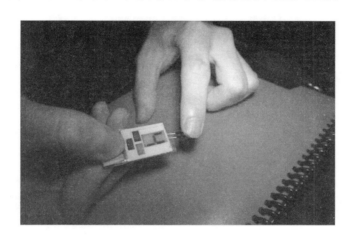

图 5 指尖能量采集装置

(二) 美国研究人员通过向细菌中注入银,提高微生物燃料电池功率效率

2021 年 9 月,美国加利福尼亚大学通过向细菌中注入银,提高微生物燃料电池功率效率,向开发微生物燃料电池(图 6)迈出重要一步。微生物燃料电池利用天然细菌从废水有机物中提取电子以产生电流。研究小组的重点是希瓦式菌属,因为希瓦式菌属可将有机废物分解成更小的分子,电子是其代谢过程的副产品。当细菌在电极上以薄膜形式生长时,某些电子被捕获,形成微生物燃料电池。为捕获足够电子,研究人员在石墨烯氧化物电极上涂覆银纳米粒子,其可释放银离子,细菌利用代谢过程中产生的电子将其还原为银纳米粒子,然后将其并入细胞。一旦进入细菌内,银粒子即充当微观传输线,捕捉细菌产生的更多电子,从而提高燃料电池功率效率。

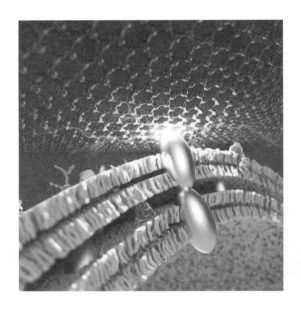

图 6　微生物燃料电池概念示意图

(三) 日本合成 Preyssler 型多金属氧酸盐,能在高温和高湿环境下有效传输质子

2021 年 4 月,日本广岛大学利用多金属氧酸盐与质子导电聚合物合成 Preyssler 型多金属氧酸盐化合物,该材料在 368 开温度和 50% 湿度下表现出高质子导电性,为燃料电池研发奠定重要基础。多金属氧酸盐是合成具有理想性能和功能新材料的重要基础,其不足是只能在低温和低湿度下传输,在较高温度和湿度下会分解。为解决这个问题,研究人员在材料中加入铕,这是一种室温下呈固态的金属元素。铕对水分子特别有吸引力,水分子将外部氧气带入材料中。质子通过附着在氧气上的方式在系统中运动,氧气越多,质子的导电性就越强。下一步,研究人员将继续提高该材料的稳定性和质子传导性。图7给出Preyssler型多金属氧酸盐合成示意图。

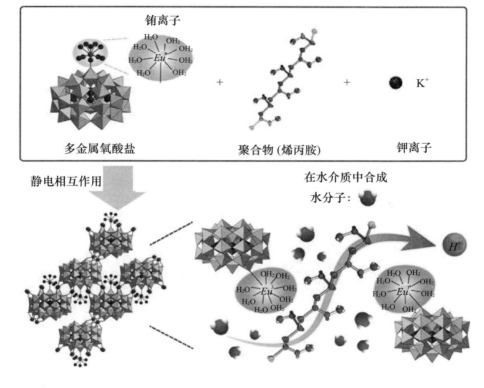

图7 Preyssler型多金属氧酸盐合成示意图

(四) 美国借助量子力学开发新型催化剂,向开发清洁能源迈出关键一步

2021年1月,美国弗吉尼亚大学、加州理工学院、能源部阿贡国家实验室、劳伦斯·伯克利国家实验室、布鲁克海文国家实验室合作,利用钴和钛元素开发出一种新型催化剂,并基于最新开发的量子力学计算和原位与离位光谱探针验证的单中心钴原子结构,揭示了析氧反应机制。研究人员提出一种新工艺,即在二氧化钛纳米晶体表面的原子层面上创建活性催化位点,可产生耐用的催化材料,并能够更好地引发析氧反应。同时,还基于量子力学计算,对析氧反应动力学实验理论进行详细的验证,证实预测结果与实验结果一致。这项工作验证了析氧反应和量子力学计算方法,为进一步微调电催化剂提供了方法基础。

四、新型电池研发取得重要突破,性能指标令人鼓舞

(一)美国开发出石墨烯集能芯片,可实现传感器和小型电子器件自供电

2021年1月,美国NTS创新技术公司研制出基于硅晶圆的石墨烯集能电路,尺寸为12毫米×12毫米×3毫米,功率为10毫瓦,标志着石墨烯能量搜集技术走向实用。研究表明,石墨烯受环境热能影响时,将以波纹形式波动,从而产生机械能,就像海浪能发电一样。基于这一原理,研究人员开发出一种电路,它能够捕获石墨烯的热运动,将热运动生成的机械能转换为交流电,并通过二极管整流为直流电,实现供电功能。该石墨烯集能芯片采用通用半导体制造工艺制作,具有成本效益高、可扩展性强、易于批量生产等特点,可在航空、航天、深海等各种环境下工作,实现传感器和小型电子设备自行供电。

(二)德国利用石墨烯混合材料制超级电容器,1万次充放电循环后仍保持90%容量

2021年1月,德国慕尼黑工业大学利用石墨烯混合材料研制出一款超高效超级电容器(图8),能量密度达73瓦·时/千克,与镍金属氢电池的

能量密度相当，功率密度16千瓦/千克。与普通电池不同，超级电容器能够快速存储大量能量，并以同样快的速度释放大量能量，其缺点是能量密度不足，通常仅为锂蓄电池的1/10。该超级电容器正极由石墨烯酸和纳米结构金属有机框架混合制成，内表面积高达900米^2/克。测试表明，其在1万次充放电循环后，仍保留近90%的容量。

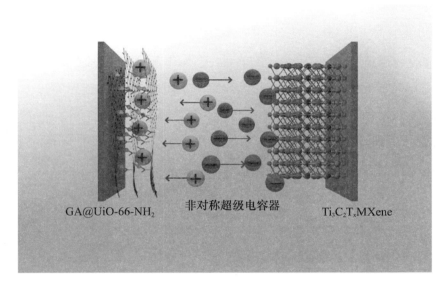

图8　石墨烯混合材料

（三）美、德开发出锌－空气充电电池，具有可充电特性

2021年1月，德国和美国联合开发出锌－空气充电电池。研究团队使用非碱性电解质，研制出一种使用双电子锌－氧－过氧化锌过程工作的电池，其可逆性远远高于传统电池。为制造新型锌基电池，研究人员通过选择合适的非碱性电解质，利用两个电子的锌－氧－过氧化锌相互作用来制造电池，这比传统电池更可逆。他们还使电解质具有疏水性，以防止水接近阴极的表面，从而防止还原，这反过来又减缓了可能使传统电池短路的

尖状结构的产生。测试表明，在 1600 小时循环后，该电池仍能保持充电状态。

（四）印度公布增强型蚀变铝离子电池，标志着固态铝电池研发取得重大突破

2021 年 12 月，印度 Saturnos 公司公布增强型蚀变铝离子电池（图 9），预计 2022 年投产，其能量密度、寿命、安全性远超现有锂电池，标志着固态铝电池研发取得重要突破。增强型蚀变铝离子电池的阳极由石墨烯铝－铌制成，阴极采用高能、改性和无序的岩盐结构，由于其生产不使用镍和钴，因此不存在锂离子的枝晶和热失控火灾问题。据称，该电池能量密度 600 瓦·时/千克，是现有锂电池能量密度（150~300 瓦·时/千克）的 2~3 倍；充电时间 12 分钟，仅为现有电池的 1/10；成本比锂离子电池便宜 50%。一组 15 千瓦固态铝离子电池质量 565 千克，支持 1200 千米的电动汽车续航里程，并能持续至少 20000 次充放电循环，可提供长达 15 年的稳定寿命。

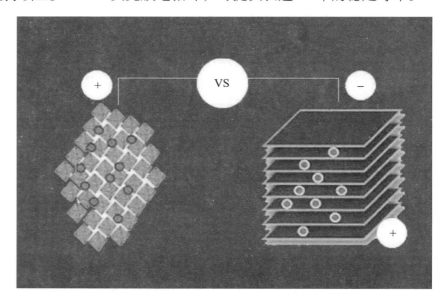

图 9　增强型蚀变铝离子电池结构示意图

综合动向分析

（五）美、新联合开发出一体式同轴纤维型非对称超级电容器，支撑可穿戴电子产品发展

2021 年 1 月，美国和新加坡研究团队利用直接相干多油墨印刷技术，开发出一体式同轴纤维型非对称超级电容器。纤维型超级电容器是一种适合可穿戴电子产品的理想、高性能储能技术，其传统制造方法基于多个步骤，对储能器件的制造、可扩展性和耐久性提出挑战。为克服这些限制，研究团队开发出通过设计同轴针的内部结构，调节多墨水的流变特性和进给速度，采用直接相干多墨水书写、三维打印技术，制作出超级电容器。它具有高功率密度、长循环稳定性、优良可逆性和较高能量密度，在人工智能、机器人和传感器等领域具有广阔的应用前景。

（六）美、韩联合研制出高性能全固态电池，有望实现更强大动力

2021 年 9 月，美国加州大学圣地亚哥分校与韩国 LG 能源解决方案公司使用固态电解质和全硅阳极，研制出一种新型硅全固态电池。固态电池一直依赖金属锂作为阳极，这给电池充电率和充电过程中需要升高温度（通常是 60℃ 或更高）带来限制。硅阳极克服了这些限制，在室温到低温下允许更快的充电速率，同时保持高能量密度，比当今商用锂离子电池中最常用的石墨阳极高 10 倍。不过，硅阳极最大的问题之一是液体电解质界面不稳定，这使全硅阳极无法用于商用锂离子电池。为此，研究人员采用新的方法，消除全硅阳极附带的碳和黏合剂。此外，还使用基于硫化物的固体电解质取代液体电解质，增强电池的稳定性。测试表明，该电池安全、持久且能量密集，可提供 500 次充放电循环，室温容量保持率为 80%，有望用于从电网存储到电动汽车等多个领域。

（国家工业信息安全发展研究中心　李耐和）

2021年抗辐射加固器件技术发展综述

2021年,抗辐射加固器件技术研发取得新进展,美国开发出基于Arm Cortex – M7的新型抗辐射微处理器和微控制器,美、以合作推进可变电阻式随机存取存储器技术用于量产,新型抗辐射氮化镓功率晶体管、金属－氧化物半导体场效应晶体管相继问世,将更好地满足航天任务应用需求。

一、美国开发出基于Arm Cortex – M7的新型抗辐射微处理器和微控制器,支持航天应用

2021年5月,美国微芯科技公司推出一对基于Arm Cortex – M7的抗辐射新产品:SAMRH71 MPU 和 SAMRH707 MCU(图1),该研究得到欧洲航天局和法国航天局国家空间研究中心的支持。SAMRH71是第一款基于Cortex M7的抗辐射微处理器,提供高达200DMips的高处理能力,以及SpaceWire、MIL – STD – 1553、CAN FD等高带宽通信接口。SAMRH707是一款抗辐射微控制器,提供高达100DMips的高处理能力,以及SpaceWire、MIL – STD – 1553 和 CAN FD 等高带宽通信接口、12位模/数转换器和数/模

转换器功能。

图 1 基于 Arm Cortex – M7 的抗辐射器件

二、以、美合作将可变电阻式随机存取存储器技术用于量产

2021 年 9 月，以色列微比特纳米有限公司和美国天水技术公司达成一项协议，将可变电阻式随机存取存储器（ReRAM）技术用于批量生产。此外，天水公司已授权该技术用于客户设计。根据协议条款，以色列微比特纳米公司可变电阻式随机存取存储器技术将转让给美国天水公司的生产工厂，并使其具备批量生产的资格。在技术鉴定之后，天水公司打算将其作为该公司 130 纳米互补金属氧化物半导体工艺的嵌入式非易失性存储器 IP 提供给客户。

三、美国推出首款抗辐射氮化镓功率晶体管，可满足深空任务等应用需求

2021 年 6 月，美国宜普电源转换公司推出首款抗辐射氮化镓功率晶体

管 EPC7014（图 2），其具有工作频率更高、效率更高、功率密度更大等特点。该芯片尺寸为 0.9 毫米×0.9 毫米，工作电压 60 伏，导通电阻 340 毫欧，脉冲电流 4 安，抗总剂量辐射大于 1 兆拉德，适用于商用卫星电力系统和航空电子设备、深空探测器、高频抗辐射 DC/DC 转换器、抗辐射电机驱动器。

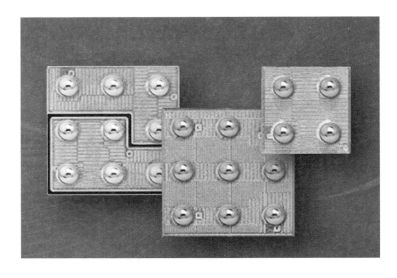

图 2　EPC7014 抗辐射功率晶体管

四、美国开发出最新抗辐射金属－氧化物半导体场效应晶体管，已获得商业航天和国防空间应用认证

2021 年 6 月，美国微芯片公司开发出最新抗辐射金属－氧化物半导体场效应晶体管——M6 MRH25N12U3（图 3），并已获得商业航天和国防空间应用认证。这是一款专门针对空间应用电源设计的硅基产品，可为电源转换电路提供主要的开关元件，包括负载点转换器、DC－DC 转换器、电机驱

动和控制、通用开关。在抗辐射操作方面，该器件可承受 100 千拉德的总电离剂量，以及 87 兆电子伏/毫克/厘米^2 的线性能量转移单一事件效应，并满足 MIL – PRF19500/746 要求。

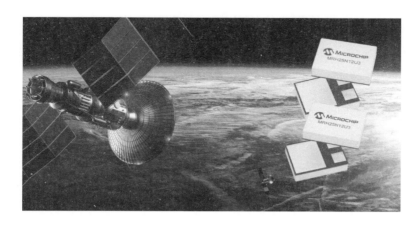

图 3　M6 MRH25N12U3

五、美国 Comtech 电信公司获得固态功率放大器订单，将用于可移动军事卫星通信地面系统

2021 年 3 月，美国 Comtech 电信公司获得价值 100 万美元的军用 X 波段固态功率放大器订单，将用于可移动军事卫星通信地面系统的 X 波段固态功率放大器/阻塞转换器。X 波段卫星服务主要用于军事应用，与其他卫星通信波段不同，其接收波段与发射波段相邻，因此射频泄漏必须极低，以避免干扰接收信号。该公司 X 波段放大器和阻塞转换器针对低泄漏要求进行了优化，并且具有高功率密度、高效率和紧凑性，适用于固定、可移动、单兵携带和移动军事应用。

六、美国阿斯特拉尼斯与宜普电源转换公司签署抗辐射氮化镓功率器件供货合同，将用于小型地球同步通信卫星

2021年8月，美国阿斯特拉尼斯公司为正在建造的小型、低成本地球同步通信卫星选用宜普电源转换公司生产的抗辐射氮化镓功率器件，所选用的抗辐射氮化镓功率器件具有高精度、小尺寸、轻质量特点，并能承受恶劣的空间环境。与第一代小型地球同步通信卫星相比，该卫星在相同硬件成本下，寿命延长15%，吞吐量增加20%。

（国家工业信息安全发展研究中心　李耐和）

重要专题分析

ZHONGYAO
ZHUANTI FENXI

美国着眼大国竞争谋划半导体产业战略布局

半导体产业是现代信息技术的基石，关乎国家安全、经济增长和军事实力。长期以来，美国一直是全球半导体行业的霸主，其经济竞争力和武器系统代差优势都得益于半导体科技的领先，随着中国5G、半导体等科技的进步，美国担心其领先优势可能被削弱，因此，不仅对中国中兴、华为等企业极力打压，而且着眼于中美博弈谋划半导体产业发展。2021年，美国出台多项措施，谋划半导体产业战略布局，以遏制中国大陆半导体产业发展，维持其全球半导体行业霸主地位。

一、出台相关法案，加大本土半导体制造扶持力度

2021年1月初颁布的《2021财年国防授权法案》首次纳入《美国半导体生产激励法案》。《美国半导体生产激励法案》授权政府开展一系列工作，促进半导体领域的创新和制造，并降低全球供应链中的风险。在全球芯片短缺的大背景下，该法案不仅获得美国总统拜登的支持，更是在国会获得两党领袖的赞成。

6月，美国国会参议院通过《2021年美国创新与竞争法案》。这套法案由《芯片和5G紧急拨款方案》，以及《无尽前沿法案》《2021年战略竞争法案》《确保美国未来法案》《2021年应对中国挑战法案》构成，旨在向美国技术、科学和研究领域投资逾2000亿美元，通过战略、经济、外交、科技等手段同中国开展竞争，以"对抗"中国日益增长的影响力。根据该法案，美国政府将拨款520亿美元，用于芯片生产、军事及其他关键行业的相关项目，协助半导体制造业重返美国本土。其中，390亿美元将用于帮助在美国建立7~10个芯片制造厂，并且在未来5~7年内建成。尽管紧急拨款投资方向基本明确，但还需要通过单独的程序进行筹措。

6月，美国参议院财政委员会6名参议员联名发起《促进美国制造的半导体法案》议案，希望在《美国创新与竞争法案》520亿美元投资基础上，为半导体制造投资提供25%的税收抵免。提案者称，由于外国政府补贴半导体生产，美国生产成本与外国相差极大，最高达70%。这项新法案将为国内半导体制造业提供合理且有针对性的激励措施，进一步帮助美国制造商在本土生产半导体芯片，以避免芯片短缺再次发生。

二、成立半导体联盟，推动美国半导体制造业发展

5月，美国半导体联盟正式成立，其使命是促进美国半导体制造和研究，以加强美国的经济、国家安全和关键基础设施。联盟成员来自美国、欧洲、日本、韩国等，几乎覆盖整个半导体产业链，包括亚马逊、苹果、思科、通用电气、谷歌、威瑞森等科技巨头，超微半导体、亚德诺半导体、博通、英伟达、高通等芯片设计公司，格芯、IBM、英特尔、镁光等芯片制造商，以及应用材料、楷登电子、新思科技等半导体上游IP、电子设计自

动化软件和设备供应商等。该联盟成立伊始，便呼吁美国国会领导人拨款 500 亿美元，用于国内芯片制造激励和研究计划。值得关注的是，其成员不包括中国大陆半导体企业，这意味着该联盟意欲把中国大陆排斥在半导体产业链之外，加快芯片行业技术迭代，拉开与中国的差距。

三、强制索取半导体企业数据，达到有效限制对手之目的

9 月 23 日，美国商务部部长吉娜·雷蒙多在半导体供应链厂商会议上，要求台积电、三星等供应链所有参与者在 45 天内共享有关库存、产能、原材料采购、销售、客户等信息，以帮助提高供应链内的信任和透明度。雷蒙多威胁称，如果他们不自愿分享信息，美国政府可能会援引冷战时期的《国防生产法》，迫使其分享信息。尽管该要求起初遭到部分企业的极力反对，因为这些商业数据都是企业的核心机密，重要性并不亚于技术能力，但截至 11 月 8 日的最后期限，台积电、三星、英特尔、英飞凌、SK 海力士、亚马逊、思科、美光科技、日本索尼等 70 多家半导体供应链的知名企业向美国商务部提交了有关数据。美国商务部的这一行径引发全球半导体行业的广泛担忧，因为对半导体企业而言，交出这些信息意味着家底亮光、竞争力削弱，这将进一步增强美国遏制我国半导体技术发展的针对性和有效性。

四、发布供应链审查报告，分析美国半导体供应链存在的风险

2021 年 2 月，美国总统拜登签署第 14017 号行政令，要求商务部、能源部、国防部和卫生与公共服务部分别对包括半导体、大容量电池、关键

矿物和材料、药品及活性药物成分等在内的 4 项关键产品全球供应链进行审查，旨在分析美国制造业供应链和国防工业支持国家安全和应急准备的弹性和能力，消除供应链风险，摆脱关键部件进口短缺的影响。

6 月，美国白宫发布"供应链百日审查"报告。关于半导体供应链现状，报告认为：设计方面，美国拥有强大的半导体设计能力，但所需的知识产权、劳动力以及制造资源等较为有限并高度对外依赖。制造方面，美国半导体缺乏自主生产能力，主要依靠台湾地区生产前沿逻辑芯片，中国、韩国等生产成熟制程芯片。测封方面，美国对于技术含量相对较低的后端测试与封装主要依赖于亚洲国家，且缺乏发展先进封装所需的制造材料和成本效益环境，同时中国的大规模投资可能对先进封装市场产生颠覆性影响。材料方面，半导体生产需要数百种材料，美国可生产用于半导体制造的气体和超净高纯试剂，日本、台湾地区等在硅片、光罩和光刻胶市场上占据主导地位。制造设备方面，美国在大部分前端半导体制造设备方面占全球市场份额较大，但光刻设备生产主要集中在荷兰和日本，且这些设备制造商的主要市场均不在美国。

报告指出，美国半导体供应链主要存在 8 个风险点：一是半导体供应链呈全球化分布，并有高度专业化和制造企业地理位置集中等特点，使供应链更为脆弱；二是存在恶意插入微电子漏洞、伪造半导体等破坏行为，容易造成质量缺陷；三是对过时及非前沿半导体的持续需求，与有限的供应商数量及高生产成本之间存在矛盾；四是地缘政治因素影响；五是中国半导体产业的成长降低了美国对半导体产业的吸引力；六是人才短缺；七是知识产权窃取；八是大规模研发资金的需求与潜在收益不匹配导致投资意愿降低。

五、初步认识

综合分析美国政府推进半导体产业发展的上述举措，可以得到以下认识：

在国际创新竞争的关键时刻出面大力干预是美国政府的一贯做法。纵观美国半导体产业的发展历程，在国际创新竞争的关键时刻出面大力干预，恰恰是美国产业政策的常态，甚至是美国国家创新体系不可缺少的一环。20世纪70年代末期，日本厂商依靠高强度投资、制造技术优势及低价格，成功取得内存市场的领先地位，致使美国内存厂商节节败退，1985年美国内存厂商仅剩德州仪器与镁光公司，1990年日本厂商内存市场占有率高达98%，这是二战后美国第一次在高技术产业领域受到挑战。实际上，美国政府从1985年起就制定一系列贸易、反垄断和研发政策，打击日本半导体工业，包括对日本半导体产业展开301调查，就价格与产量控制等达成半导体贸易协定，最终使得日本内存产业在国际竞争中走向衰退。近期美国推进半导体产业发展的一系列政策再次表明，美国政府会不惜一切代价，保护本国企业在半导体技术领域的领先优势，维持其半导体行业世界霸主的地位。

美国半导体行业战略布局正给中国大陆芯片制造业带来重大威胁和挑战。首先，美国半导体联盟的成立体现了美国在全球化半导体供应链中的巨大影响力，而且联盟涵盖整个半导体产业的上下游，成员遍布美国、欧洲、日本、韩国等，占据全球95%以上的市场份额。其次，如果该联盟能够获得长期、稳定的巨额资助，未来半导体行业标准、核心技术乃至供应链都将重回美国掌控，进而加强其对半导体行业的领导力、对半导体产业链的控制力。这种潜在的技术垄断风险，将给中国半导体产业发展带来重大挑战。再次，美国通过分析强制索取的半导体企业数据，可对中国华为、小米等公司芯片需求和库存情况"知根知底"，以便更有效地出台应对措施。最后，美国芯片本土制造的计划一旦落实，则有可能将中国大陆从全球半导体产业链中彻底排挤出去，这将给中国大陆芯片制造业带来重大威胁。

面对美国在半导体行业发起的诸多挑战，中国必须保持更加警醒的认识，坚定自主可控发展半导体产业的战略，规划产业布局，加强基础研究，鼓励技术研发，重视人才培养，尽快补足短板，以期在关键技术领域早日取得突破，缩小与世界先进水平的差距。

（国家工业信息安全发展研究中心　李耐和）
（军事科学院军事科学信息研究中心　方勇）

美国持续出台政策措施，确保军用电子元器件安全可控

军用电子元器件是发展先进军事电子装备、电子信息系统及信息化武器的重要物质基础，优质、可信的军用电子元器件对于武器系统性能、可靠性、安全性提升及使用寿命延长具有无法替代的关键性作用。当前，微电子器件正在从过去的单一器件，转变成集信息获取、处理等多种功能于一体的"超级"器件，在促进装备微型化的同时，具备在装备端智能处理海量数据的能力，可确保在未来智能化战争中夺取战场信息优势、决策优势和作战优势。

一、主要背景

长期以来，美国都将电子元器件作为保障国家安全的核心战略资源加以控制。随着半导体产业链分工的全球化、专业化和物流便利化，美国军用电子信息装备的发展对全球军用电子元器件供应链的依赖程度越来越高，供应链体系的网络化程度也日益加深，呈现出复杂的交织供应关系。2020

年，美国仅生产全球 12%的芯片，亚洲占有全球 75%的微电子器件制造市场和 98%的封装、测试市场，最小最快的逻辑芯片现在只能在海外生产。过于依赖海外市场进行制造和测试，对美国微电子器件供应链安全构成严峻威胁。

二、主要政策措施

为优化军用电子元器件供应链体系，保障军用电子产品供应链安全，美国近年频繁出台供应链调整政策措施，实施严格监管，提升供应链安全管理水平，加强组织管理与防伪鉴别及安全技术研发，加快半导体制造业回归，增强本土可信电子元器件安全供应能力。

（一）频繁颁布政策法规实施严格监管，确保供应链安全

近两年，美国陆续出台《国防授权法案》《联邦采办条例国防部补充规定》《2020 年美国晶圆代工厂法案》等政策法规，从供应商权利、承包商筛选、元器件采办管理和漏洞评估等角度对电子元器件产品供应链实施严格监管。

1. 出台《国防授权法案》强化供应链安全防控，着力实现半导体制造业复苏

在 2019 财年和 2020 财年美国《国防授权法案》中，特朗普政府着重加强供应链安全。2019 财年美国《国防授权法案》第 881 条允许以国家安全的理由排除特定供应商，并拒绝作出解释。这样一来，承包商抗议的权利就被直接取缔了。该条款成为美国执法机构加强供应链风险管理的一项重要工具。2020 财年美国《国防授权法案》将矛头对准国防供应链威胁，筛选不可信的国防采办承包商，建立软件供应商黑名单，以强化国防部的工业基础,保护供应链安全。

2021 年美国《国防授权法案》着力实现美国半导体制造业复苏,授权为与半导体制造、组装、测试、先进封装或先进研发有关设施的建设或现代化提供数十亿美元财政支持,还授权进行微电子相关技术研发,开发"安全可证明的"微电子供应链,建立国家半导体研究技术中心以帮助新技术进入工业应用领域,并建立委员会以制定提升先进能力的战略。

2. 通过《联邦采办条例》提升行业标准及供应链可追溯性,降低伪冒元器件风险

2019 年 9 月,美国政府对《联邦采办条例国防部补充规定》进行了修订,加入了对供应商选择的有关规定,并在使用原始设备制造商(或授权经销商)以外的资源方面引入了新的供应商,减少了在发生伪冒逃逸时承包商的责任风险,更加强调了行业标准和可追溯性,并制定了 12 条系统标准,以防止伪冒电子元器件。

2019 年 11 月,《联邦采办条例》委员会发布最终规则,一方面要求承包商对政府行业数据交换计划数据库进行"筛选",以确保承包商不购买伪冒电子元器件或包含不合格项的重大或关键元器件;另一方面规定承包商必须在"意识到或有理由怀疑"某一项目是伪冒元器件后的 60 天内,向合同主管部门和政府行业数据交换计划数据库报告。除伪冒电子元器件外,承包商在检测到"通用项目"中的重大或关键不合格项时,还必须向政府行业数据交换计划数据库提交报告。

3. 提出《半导体制造创新激励措施法案》和《2020 年美国晶圆代工厂法案》加速推进半导体制造业回归本土策略

2020 年 6 月,美国民主党参议员马克·沃纳和共和党参议员约翰·康奈共同提出旨在促进美国芯片产业发展的《半导体制造创新激励措施法案》。该法案要求：通过美国国家标准技术研究院设立新的半导体项目，从科学、技术、工程和数学人才培养，生态系统集群建设，美国 5G 技术引领能力提升，以及半导体先进测试及封装技术发展四个方面，支持美国本土先进半导体制造技术与产业发展；在 10 年内建立 7.5 亿美元的信托基金，以促进微电子相关政策一致性、微电子供应链透明度以及非市场经济政策一致性的提高，支持安全微电子技术和安全微电子产品供应链的发展；向 DARPA "电子复兴计划"、美国国家科学基金会、美国能源部、美国商务部拨款 120 亿美元，用于资助半导体技术基础研究和国家先进封装制造研究院建设。

2020 年 7 月 1 日，美国两党多位议员提出进一步刺激国内半导体芯片产业发展的《2020 年美国晶圆代工厂法案》。该法案包含四项振兴美国本土半导体产业的措施，涉及资金总额高达 250 亿美元：①授权美国商务部向各州拨款 150 亿美元，支持现代化半导体晶圆代工厂、先进封装测试及研发基础设施的建设和产能扩充。②授权美国国防部拨款 50 亿美元，用于建设与国防及情报相关半导体微电子产品的安全研发和生产设施。③向 DARPA、美国国家科学基金会、美国能源部和美国国家标准和技术研究院提供总额 50 亿美元的半导体技术研发经费，以确保美国在微电子领域的领导地位。其中，DARPA 获得 20 亿美元，美国国家科学基金会获得 15 亿美元，美国能源部获得 12.5 亿美元，美国国家标准和技术研究院获得 2.5 亿美元。④禁止向中国政府拥有、控制或以其他方式施加影响的企业提供资助。

（二）加强组织管理与防伪鉴别及安全技术研发，大力遏制伪冒元器件供应

美国参议院军事委员会发布报告称，已有总数超过 100 万片伪冒元器件进入 C-17、C-130 运输机以及"萨德"系统等美军现役装备，严重威胁美军装备安全。为有效遏制伪冒元器件供应，美国从强化组织管理与安全防伪技术研发两方面入手，确保元器件供应链安全可控。

1. 强化组织管理，完善保障体系

2019年9月，美国政府对《联邦采办条例国防部补充规定》进行修订，加入对供应商选择相关规定，并在使用原始设备制造商以外的资源方面引入了新供应商，减少了在发生伪冒逃逸时承包商的责任风险，强调了行业标准和可追溯性，并制定12条系统标准，防止伪冒电子元器件供应。2020年6月，美国国防部成立联合联邦保障中心，确保国防部采购电子元器件安全。2021年4月，美国发布《在不确定时代加强全球半导体供应链》报告，分析了全球半导体供应链带来的益处与地域专一化等风险，建议尽快采取行动，弥补美国半导体全球供应链体系中存在的漏洞，确保其半导体产业实力优势与抗风险能力。

2. 加强元器件防伪鉴别及安全技术研发，提升供应链自主掌控能力

2019年9月，DARPA启动"物理安全保障架构"项目，以实现对国防系统安全和隐私的加强防护，满足美军特殊应用需求，重点开发安全硬件及具有可论证安全接口的软件架构，以及可在系统设计和搭建过程中，对高风险协议进行物理隔离，并在系统运行时对其进行跟踪确认的安全软硬件协同设计工具；2020年6月，DARPA设立"自动实现安全硅"项目，旨在将安全功能融入微芯片设计，解决侧信道攻击、硬件木马、逆向工程和供应链攻击四个基本全漏洞，确保芯片供应链安全；2020年9月，DARPA通过"国防电子供应链硬件完整性"项目，开发出基于"微型管芯"的元器件自动鉴别技术，实现了大批量、低成本、无损筛查供应链伪冒元器件能力；2021年5月，美国北卡罗来纳州立大学制造出第2代小尺寸、高性能射频识别芯片，可有效提高电子元器件供应链安全。芯片尺寸仅为125微米×245 微米，可大幅降低制造成本，使制造商、分销商或零售商使用防伪射频识别标签跟踪低成本商品成为可能，有助于进一步阻断伪冒元器件供应。

（三）加快半导体制造业回归本土

近年来，中国、韩国和新加坡等亚洲国家和地区的微电子技术迅速崛起，尤其在半导体制造和封测领域拥有了明显优势，使全球78%的高端芯片制造产能集中在亚洲。为应对这一不利局面，美国通过政府引导、协会呼吁、外交威胁和立法支持等手段，敦促英特尔、格罗方德、台积电、三星等半导体企业迁回总部或在美国新建工厂，以补强本土微电子制造业产能，减少美国微电子产业对亚洲的依赖。2020年5月，美国政府约谈台积电公司，要求其加速5纳米芯片工厂在美本土建厂计划；英特尔和格芯也宣布在美国本土扩大产能和运营新厂；2021年4月，韩国三星半导体公司宣布其针对美国二厂的投资计划，投资总额预计为170亿美元，厂址在得克萨斯州、亚利桑那州和纽约州三者中选择。

三、结束语

从半导体全产业链的角度分析，美国在半导体材料、制造装备及芯片设计三大领域占有绝对优势，但在芯片制造和封测领域对国外企业依赖性较大。美国大力推动微电子器件产业链安全升级，不断推进半导体制造产业回归本土策略，主要目的就是为了补强其在产业链生产制造环节的不足。一旦这一目标实现，美国将进一步完善军用微电子器件研发制造体系，摆脱对亚洲微电子制造产能的依赖，提升军用微电子器件的自给能力与应用可信度。

（国家工业信息安全发展研究中心　李铁成）

2021 年国外集成电路科技发展热点分析

集成电路是电子信息产业的基石,也是先进武器系统的核心,关系到国家安全、经济竞争力和军事优势,因此,尽管当今芯片制造技术相对成熟,但着眼于未来制高点的集成电路科技研发则受到多个国家的高度重视。2021 年,世界集成电路科技研发成果不断涌现,下面选取几个热点予以分析。

一、DARPA 启动现场可编程门阵列向专用集成电路自动转换项目,提高军用集成电路研发能力和性能水平

美军武器系统严重依赖现场可编程门阵列,但结构化专用集成电路具有更低的功耗和更高的性能。2017 年,DARPA 提出将开发结构化专用集成电路作为突破摩尔定律的方法之一,并将其作为满足美军对更高处理能力需求的对策之一。不过,将现场可编程门阵列设计手动转换为结构化专用集成电路设计的过程非常费力且昂贵。

2021 年 3 月,DARPA 启动现场可编程门阵列设计向专用集成电路设计

自动转换技术研发,同时将安全对策集成于设计流程之中,以进一步提高军用集成电路研发能力和性能水平。其关键技术:一是英特尔10纳米工艺,使芯片性能比14纳米工艺芯片提升20%。二是嵌入式多模互连桥封装技术,可把不同工艺尺寸的小芯片封装在一起,满足多种功能需求。三是高级接口总线技术,可提供几个太字节/秒的吞吐量。四是芯片安全技术,开发并集成提高专用集成电路安全的技术。

该技术将使军用集成电路研发时间从28周缩短到9周,功耗降低50%,工程成本下降90%,并大幅提高运行速度、容量和安全性,有助于美军更快速、更经济地开发与部署先进微电子系统,保持或加大武器系统技术的"代差"优势。

二、美国开发出世界最低功耗高速模数转换器,解决芯片高效能与低功耗无法兼顾的难题

随着摩尔定律的发展,集成电路特征尺寸进入纳米尺度,功耗带来的挑战日益突出,这已成为制约集成电路发展的瓶颈。因此,实现超低功耗成为推动集成电路技术发展的重要手段。

2021年5月21日,美国杨百翰大学开发出世界上功耗最低的高速模数转换器,其在10吉赫超宽带无线通信中功耗仅21毫瓦,比当前主流模数转换器功耗低两个量级,转换能效创下新的世界纪录。该芯片由通道模块、逐次逼近逻辑电路模块、时钟分配模块、模数转换模块组成,采样频率10吉赫,分辨率8比特。其关键技术:一是采用八重时间交织逐次逼近采样架构,使得底板寄生电容降至1/3,大大降低功耗并提高速度;二是利用双自

举采样开关,独立优化信号路径,不仅提高速度,还大幅扩展采样范围。

这款高速模数转换器彻底解决了模数转换器高效能与低功耗无法兼顾的难题,可更好地满足通信、雷达、电子战等领域应用需求。

三、澳大利亚开发出世界速度最快光学神经形态处理器,标志着神经形态处理技术的飞跃

作为人工智能的重要形式,人工神经网络可以学习并执行复杂的运算,在计算机视觉、自然语言处理、面部识别、语音翻译、医疗诊断等诸多领域都有广泛的应用。然而,传统中央处理器和图形处理器芯片在进行神经网络处理时遇到严重的性能和能耗瓶颈,因此神经形态处理器研发迫在眉睫。

2021年1月,澳大利亚斯威本科技大学展示世界上速度最快的人工智能光学神经形态处理器,运算速度11.32万亿次/秒,比现有处理器快1000倍以上。其工作原理:首先,将输入数据向量编码为串行电波形中时间符号的强度;其次,通过电光调制将时间波形组播到卷积核波长通道上,生成加权副本;再次,通过色散延迟传输光波形,有效实现时间和波长交织;最后,通过高速光电检测对延迟副本和加权副本进行求和,在给定时间窗口产生卷积。测试表明,其对手写体数字识别的准确率为88%。

光学神经形态处理器是实现单片集成光学神经网络的重要里程碑,它具有超快的运算处理能力,可作为神经形态硬件的通用超高带宽前端,执行海量数据机器学习任务,在自动驾驶、实时视频识别等应用中发挥重要作用。

四、英国研制出全球首个 32 位柔性微处理器,为武器系统研制提供更大灵活性

柔性集成电路以柔性材料为基底,具有轻薄、可折易弯、功耗低等先天优势,成为可穿戴装备发展的重要支撑技术,其研发受到高度重视。要想制作柔性微处理器,需要将大量晶体管集成到柔性衬底上,在之前的工艺技术中尚无法实现。

2021 年 7 月,英国 ARM 公司与 PragmatIC 公司研制出全球首个 32 位柔性微处理器,其最小弯曲半径 3 毫米,有望推动低成本、全柔性、智能集成电路发展。它由处理器、存储器、AHB – LITE 互连结构、外部总线接口构成,处理器包括 32 位 Cortex – M 中央处理器和嵌套向量中断控制器,通过互连结构连接到存储器;存储器包括 456 字节只读存储器和 128 字节随机存取存储器;互连结构用于中央处理器与内存的连接;外部总线接口用于控制输入、输出引脚进行片外通信。

该柔性微处理器容量为 18334 个等效与非门,比之前最好的柔性集成电路提高 11.6 倍,将为装备研制提供更大灵活性,进一步提升装备性能。

五、美国推出 2 纳米集成电路制造工艺,将更好地满足未来高端芯片需求

随着晶体管架构设计、极紫外光刻装备技术的进步,集成电路特征尺寸不断按比例缩小,继 2020 年发布 3 纳米节点工艺后,2021 年又发布 2 纳米节点工艺,进一步延续摩尔定律。

2021年5月，美国IBM公司发布世界首个2纳米芯片制造工艺，将进一步延续摩尔定律。其关键技术：一是采用3维纳米片堆叠晶体管技术。与主流鳍式场效应晶体管相比，开关速度更快，运行速率更高；二是引入底部介电隔离技术。与普通浅槽隔离技术相比，绝缘性更好，漏电流更少，功耗更低；三是采用极紫外光刻技术。与之前的深紫外线光刻技术相比，良品率提高，成本降低。2纳米工艺芯片集成度为3.33亿个晶体管/毫米^2，是台积电3纳米工艺芯片的1.3倍；与7纳米工艺芯片相比，同性能下功耗降低75%，同功率下性能提升45%。

2纳米芯片制造工艺的问世，进一步彰显了硅材料在延续摩尔定律方面所具有的得天独厚的性能优势，也预示着集成电路制造埃米时代的到来，将更好地满足未来军民领域高端芯片需求。

六、美国研制出300毫米金刚石晶圆，将大幅提升集成电路性能

金刚石作为超宽带隙半导体材料，具有优异的物理和化学性质，包括更宽的禁带宽度、更大的电子迁移率、更高的导热率、更强的抗辐射能力，是制备下一代高频、高功率、耐高温、低功耗损耗集成电路最有希望的材料，已成为国际竞争的热点。

2021年7月，美国阿克汉半导体公司展示全球首个300毫米互补金属氧化物半导体金刚石晶圆。这是第三代半导体材料领域的重大突破，将大幅提升集成电路性能。金刚石作为超宽禁带半导体材料，具有优异的物理和化学性质，包括更宽的禁带宽度、更大的电子迁移率、更高的导热率、

更强的抗辐射能力，是制备高频、高功率、耐高温、低功耗集成电路的最佳候选材料，已成为国际竞争的热点。

300 毫米金刚石晶圆的问世，给大幅提升集成电路性能提供了新的路径，将有力推动超级计算机、先进雷达、通信和电子战系统、下一代航空航天电子装备的发展，使其性能迈上新的台阶。

七、几点认识

通过分析上述热点，可以得到几点认识：

摩尔定律仍将延续。尽管近年来摩尔定律进展放缓，但在晶体管架构设计、光刻机技术进步的推动下，集成电路特征尺寸相继跨越 14 纳米和 7 纳米，进入 3 纳米和 2 纳米，未来还将进入 1 纳米，使摩尔定律得以继续延续。

创新设计是推动集成电路技术发展的不竭动力。美国在集成电路领域的优势得益于其强大的设计能力，创新设计也是推动集成电路技术向前发展的重要手段。无论是现场可编程门阵列设计向专用集成电路设计自动转换项目、世界最低功耗高速模数转换器芯片还是全球首个 32 位柔性微处理器，其核心技术离不开设计创新。

新材料是提升集成电路性能的重要基础。自集成电路诞生 60 多年来，半导体材料已从以硅和锗为代表的第一代发展到以氮化镓和碳化硅为代表的第三代，芯片性能随之大幅提升，正所谓"一代材料，一代器件"。目前，金刚石、石墨烯、碳纳米管等新型半导体材料研发不断取得突破，其研用将为进一步提升集成电路性能奠定坚实基础。

（国家工业信息安全发展研究中心　李耐和）

英国研制出全球首个 32 位柔性微处理器

2021 年 7 月,英国 ARM 与 PragmatIC 公司联合研制出全球首个 32 位柔性微处理器 PlasticARM。该处理器基于 ARM 架构,采用 0.8 微米工艺,由金属氧化物薄膜晶体管和柔性聚酰亚胺基底制成,包含 18334 个等效与非门,有望推动低成本、全柔性、智能集成电路发展。

一、研发背景

现有微处理器等集成电路主要由硅材料制作,虽然这类刚性集成电路具有制造工艺成熟、运行速度快、稳定性高等优点,但始终存在着灵活性差、耐压不足等固有缺陷,限制了其在服装、包装、可穿戴设备等诸多领域的应用。

柔性集成电路以柔性材料为基础,采用微纳米加工与集成技术,可实现信号放大、滤波、数据存储、处理等功能,具有轻薄、可折易弯、功耗低等先天优势,成为可穿戴装备发展的重要支撑技术,其研发受到高度重视。但是,要想制作柔性微处理器,需要将大量晶体管集成到柔性衬底上,在之前的工艺技术中尚无法实现。

二、PlasticARM 微处理器

(一) 架构设计

实际上，PlasticARM 微处理器是一个系统芯片，由处理器、存储器、系统互连结构、接口块、外部总线接口构成。其处理器包含 1 个 32 位 Cortex – M 中央处理器以及 1 个嵌套向量中断控制器（NVIC），通过互连结构（AHB – LITE）连接到内存。外部总线接口提供通用输入输出（GPIO）接口，用于与芯片外测试框架通信。

Cortex – M 中央处理器支持 Armv6 – M 架构，以及来自整个 16 位 Thumb 和 32 位 Thumb 指令集架构的子集的 86 条指令。中央处理器微架构具有两级流水线。在 PlasticARM 中，寄存器并没有设在中央处理器内部，而是位于基于锁存的 RAM 中，这样，可使其中央处理器占用空间降至 Cortex – M0 + 处理器的 1/3，但寄存器访问速度也较慢。

存储器包括 ROM 和 RAM，ROM 容量 456 字节，用于存储系统代码和测试程序，RAM 容量 128 字节，主要用作堆栈。

AHB – LITE 互连结构是先进高性能总线（AHB）规范的子集，只支持一个总线主设备，不需要总线仲裁器及相应的总线请求/授权协议。先进高性能总线用于高性能、高时钟频率的系统结构，典型的应用包括 ARM 核与系统内部的高速 RAM、NAND FLASH、DMA、Bridge 的连接。

外部总线接口用于控制两个通用输入输出引脚进行片外通信。

(二) 制作

PlasticARM 微处理器采用 0.8 微米 FlexLogIC 制作。这是一种专有的

200毫米晶圆半导体制造工艺，可创建金属氧化物薄膜晶体管和电阻器的图案层，根据FlexIC设计将4个可布线（无金）金属层沉积在柔性聚酰亚胺基板上。FlexIC设计的重复实例是通过运行多个薄膜材料沉积、图案化和蚀刻序列来实现的。为了便于操作、允许使用行业标准工艺工具并实现亚微米图案化特征（低至0.8微米），在生产开始时将柔性聚酰亚胺基板旋涂到玻璃上。该工艺已经过优化，以确保在20毫米的横向距离内厚度变化基本上小于3%。薄膜材料沉积是通过物理气相沉积、原子层沉积和溶液处理（如旋涂）组合来实现的。衬底处理条件已经过精心优化，以最大限度地减少薄膜应力和衬底弯曲。特征图案化是使用5倍光刻步进器实现的，每次曝光都单独聚焦，从而进一步补偿旋铸薄膜内的厚度变化。

（三）结果

PlasticARM微处理器尺寸为59.2毫米^2，包含56340个N型TFT和电阻器（相当于18334个与非门），时钟频率可达29千赫，功耗仅21毫瓦时。表1给出PlasticARM微处理器与其他柔性集成电路性能比较。

表1 PlasticARM微处理器与其他柔性集成电路性能比较

指标	PlasticARM	8位柔性薄膜微处理器	机器学习专用柔性集成电路	二元神经网络柔性集成电路
尺寸/毫米^2	59.2	225.6	5.6	5.86
技术	0.8微米金属氧化物薄膜场效应晶体管	5微米双栅极有机薄膜晶体管+金属氧化物薄膜场效应晶体管	0.8微米金属氧化物薄膜场效应晶体管	0.8微米金属氧化物薄膜场效应晶体管
逻辑类型	单极N型电阻负载	N型氧化物和P型有机半导体	单极N型电阻负载	单极N型电阻负载

续表

指标	PlasticARM	8位柔性薄膜微处理器	机器学习专用柔性集成电路	二元神经网络柔性集成电路
电源电压/伏	3	6.5	4.5	3
管脚数量	28	30	23	23
处理器	基于32位Arm Cortex-M的系统芯片	8位算术逻辑单元运算器+P^2ROM存储器	定制硬件	定制硬件
容量	56340（39157个薄膜场效应晶体管+17183个电阻器）	3504	3132（2084个薄膜场效应晶体管+1048个电阻器）	4489（3028个薄膜场效应晶体管+1461个电阻器）
NAND2等效门数	18334	876	1024	1421
最高电路时钟频率/千赫	29	2.1	104	22
功耗/毫瓦	21	未见报道	7.2	1.1
功率密度/（毫瓦/毫米^2）	0.4	未见报道	1.3	0.2

三、意义影响

PlasticARM微处理器的问世对推动柔性电子产品发展具有重要意义，主要体现：

一是为全柔性智能集成系统发展铺平道路。作为智能系统核心的柔性处理器的问世，补齐了柔性电子元器件产品库的最后一块短板，将与柔性传感器、柔性显示器、柔性电路板等一起，为打造全柔性智能集成系统、促进万物互联奠定坚实的基础。

二是为武器系统研制提供更大灵活性。波音研究集团电子技术总监皮尔·贝思曾经指出：哪怕只为波音787客机减轻1%的重量（2.5吨），就已相当于1辆车的重量，并可为整个飞机机队节省数十亿美元的支出。柔性电子元器件的推广应用，将为提升航空、航天、单兵装备整体性能，以及降低寿命周期成本发挥重要作用。

（国家工业信息安全发展研究中心　李耐和）

DARPA"自动实现应用的结构化阵列硬件"项目分析

2021年3月,DARPA启动"自动实现应用的结构化阵列硬件"项目,目的是将军用现场可编程门阵列设计自动转换为结构化专用集成电路设计,同时将安全对策技术集成于设计流程之中,以支持零信任环境下的芯片制造,使设计时间缩短60%,功耗降低50%,工程成本下降为1/10。

一、主要军用集成电路性价比比较

从设计角度看,目前军用集成电路主要包括标准单元专用集成电路、现场可编程门阵列、结构化专用集成电路。

标准单元专用集成电路设计时需要从标准单元库(其中包括预先设计好的基本单元和功能电路模块)调用所需的单元,排成若干行,行间留有布线通道进行布线,具有体积更小、重量更轻、功耗更低、性能更高等特点。

现场可编程门阵列是在可编程阵列逻辑器件、通用阵列逻辑器件等可编程器件基础上进一步发展的产物,属于半定制专用集成电路,既解决了定制电路的不足,又克服了原有可编程器件门电路数有限的缺点。与传统模式芯片设计进行对比,现场可编程门阵列芯片并非单纯局限于研究及设计芯片,而是针对较多领域产品都能借助特定芯片模型予以优化设计。

结构化专用集成电路是预先在硅片上嵌入逻辑功能、时序产生、时钟网络、存储器和 I/O 等必要的功能电路模块,设计人员只需要对最后的金属布线层进行个性化编程以完成设计,无需像专用集成电路设计那样定义芯片所有掩模层,由此带来的最直接影响就是掩模成本的大幅降低。

表 1 给出采用 0.13 微米工艺制作 100 万门现场可编程门阵列、结构化专用集成电路、标准单元专用集成电路的研制费用、性能和面市时间比较。

表 1 现场可编程门阵列、结构化专用集成电路和标准单元专用集成电路比较

		现场可编程门阵列	结构化专用集成电路	标准单元专用集成电路
研制费用	设计成本	16.5 万美元	50 万美元	550 万美元
	一次性工程成本	无	10 万~20 万美元	100 万~300 万美元
	EDA 工具成本	3 万美元	12 万~20 万美元	超过 30 万美元
	人力成本	1~2 人	2~3 人	5~7 人
	芯片价格	200~1000 美元	30~150 美元	30 美元
	单位成本(量产 1000 片)	1000 美元	500~650 美元	5.5 万美元
	单位成本(量产 5000 片)	220 美元	110~150 美元	1100 美元
	单位成本(量产 500000 片)	40 美元	21 美元	11 美元
性能	面积	大──→小		
	速度	慢──→快		
	功耗	高──→低		
	面市时间	短──→长		

从表 1 可以看出，标准单元专用集成电路技术在电路集成度、性能、功耗方面具有极强的竞争力；如果能达到一定的量产，该技术可提供最低的单片成本。然而，随着集成电路工艺尺寸的不断缩小，采用标准单元专用集成电路技术进行集成电路设计的风险在成倍增长。电源电压的下降、信号之间的互相耦合以及深亚微米的布线效应，都会在电路设计过程中造成种种故障，查找、排除这些故障需要大量的时间；加上深亚微米电路设计时的时序收敛从原来的器件主导变成布线主导，都会使得标准单元专用集成电路的开发周期大大延长。如果设计中考虑稍有不周，生产出来的芯片存在缺陷或者电路虽能满足原设计要求但不能满足快速变化的市场需求，都将导致成本和时间的成倍增加。不过，对一些性能要求或功率要求非常严格的设计或者年需求量非常大甚至达到上百万的产品来说，标准单元专用集成电路技术仍然是上佳的选择。

采用现场可编程门阵列技术设计集成电路，可以很快地完成设计验证，一旦设计通过验证，可在几秒或几分钟之内拥有一块实用的芯片，具有最短的面市时间。同时，用来现场可编程门阵列设计开发和调试工具比专用集成电路开发调试的工具便宜得多。与别的硬件设计平台相比，现场可编程门阵列技术降低了研发阶段的风险，一次性工程费用很低；设计师可以根据需要，随时对设计进行修补或改进；而且不必向供应商支付一次性工程费用。但另一方面，现场可编程门阵列单片成本较高，顶级现场可编程门阵列单价超过 1000 美元。因此，对一些年需求量 5000～10000 片的产品来说，成本相当昂贵。此外，与标准单元专用集成电路相比，现场可编程门阵列耗能更多，容量较少，速度较慢，易受软故障和盗版的困扰。

结构化专用集成电路介于现场可编程门阵列和标准单元专用集成电路之间。一方面，由于设计师只需要对最后的金属布线层进行个性化编程以完成设计，大幅降低了掩模成本；另一方面，由于可借助现场可编程门阵列进行原型设计，大幅降低了一次性工程成本。这使得结构化专用集成电路可以少于标准单元专用集成电路一半的时间和30%的一次性工程成本来研制新品。与标准单元专用集成电路相比，结构化专用集成电路在完成第一个芯片时更加安全，无需面对工艺或其他相关问题。与相对应的现场可编程门阵列相比，结构化专用集成电路的单片成本至少低70%。与标准单元专用集成电路相比，结构化专用集成电路柔性更好，单片成本更低。结构化专用集成电路基本上是一个IP，可以用于DATAPATH和少量的逻辑。结构化专用集成电路在大部分设计已知、只需设计一部分电路或者需要优化面市时间与价格的应用场合具有明显的优势。简而言之，结构化专用集成电路为中等批量的产品提供了成本最佳的方案。

二、研发背景

美军武器系统严重依赖现场可编程门阵列，但结构化专用集成电路具有更低的功耗和更高的性能。早在2017年，DARPA就提出将开发结构化专用集成电路作为突破摩尔定律的方法之一，并将其作为满足美军对更高处理能力需求的对策之一。不过，当前将现场可编程门阵列手动转换为结构化专用集成电路的过程非常费力且昂贵，鉴于所需的定制芯片数量少，这是不值得的。为此，DARPA启动本项目，开发现场可编程门阵列向结构化专用集成电路自动转换方法，并利用先进封装技术，以大力推进美国国防部更快、更经济地开发与部署先进微电子系统的进程，保持或加大武器系统技术的"代差"优势。

三、关键技术

该项目涉及集成电路设计、制造到封装等环节,其关键技术包括:

(一) 10 纳米工艺

英特尔 10 纳米工艺于 2019 年量产,初始产品是"冰湖"处理器,该工艺的核心是超级鳍(SuperFin)技术,即英特尔增强型鳍式场效应晶体管(FinFET)与超级金属-绝缘体-金属(Super MIM)电容器两种技术的合体。其中,FinFET 晶体管技术可以降低电阻,减少漏电,增加电迁移效率;SuperFin 晶体管则可以让晶体管信号更加清晰。二者结合在多个方向都对鳍式场效晶体管进行了优化,使得 10 纳米芯片性能比其 14 纳米工艺提升 20%,并远超台积电、三星公司 10 纳米工艺产品性能,如表 2 所列。

表 2 10 纳米工艺芯片性能比较

指标	英特尔	台积电	三星
鳍片间距/纳米	34	36	42
栅极间距/纳米	54	66	68
最小金属间距/纳米	36	42	48
逻辑单元高度/纳米	272	360	420
逻辑晶体管密度/(百万/毫米^2)	100.8	48.1	51.6

(二) 嵌入式多模互连桥封装技术

嵌入式多模互连桥封装类似于 2.5D 封装,但技术水平更高,它具有设计简单、无需额外工艺、封装良率高等特点。

通过嵌入式多模互连桥封装示意图(图 1)就明白其工作原理了。图 1 左边是传统芯片,其 CPU 核心、GPU 核心、内存控制器及 I/O 核心都只能使用一种工艺制造；而图 1 右边的芯片就不同了，其 CPU、GPU 核心可以使用 10 纳米工艺，这两部分对新工艺要求更高，而 I/O 单元、通信单元可以使用 14 纳米工艺，内存部分则可以使用 22 纳米工艺。由此可见，利用嵌入式多模互连桥封装技术，能够把 10 纳米、14 纳米及 22 纳米等不同工艺的小芯片封装在一起做成单一芯片，从而更有效地满足不同业务的需求。

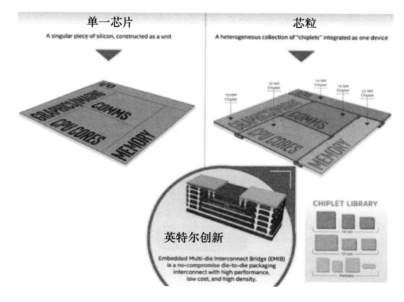

图 1　嵌入式多模互连桥封装示意图

（三）高级接口总线技术

高级接口总线标准是英特尔公司 2019 年 3 月公布的物理层级总线规范，是一种高度并行的主从总线，由 25 个独立通道组成，包括 24 个数据通道和 1 个 1GHz 时钟通道。该总线还支持双倍数据速率操作，以其最快的实施速度可提供几个太比特每秒的吞吐量。高级接口总线在通道数量和总线宽度方面高度可定制，并支持两种主要类型，即高性能"Plus"版本，以及按比例缩小的"Base"版本，用于要求较低的操作。Plus 版本支持双倍数据速率时钟，以实现 2 吉比特/秒的每线吞吐量。高级接口总线规范要求总线长度至少为 10 毫米。还有一种用于通道校准和引脚冗余的方案，可以提高小芯片到中介层的连接良率。

随着异构片上系统环境的发展，高级接口总线也在不断发展。2020 年 7 月，英特尔公布高级接口总线 2.0 版，其最大工作频率高达 5.4 吉赫，电压摆幅从 0.9 伏降低至 0.5 伏。最终结果是增加总带宽和带宽密度，并将功率效率提高到 0.5 皮焦/比特。

（四）芯片安全技术

针对该项目，研究团队将围绕设计－验证－测试－制造寿命周期，开发提高结构化专用集成电路安全的技术。其中，英特尔公司将开发安全对抗技术，以加强对数据和知识产权的保护，防止逆向工程和假冒；佛罗里达大学、得克萨斯农工大学和马里兰大学将开发验证和确认技术，以及开发新的攻击策略，以测试结构化专用集成电路芯片的安全性。之后，这些安全对策技术将集成到英特尔结构化专用集成电路设计流程中。

四、意义影响

该项目实施将对美国军用集成电路研用产生重要影响，主要体现在：

一是进一步提高美国军用集成电路研发能力和性能水平。该项目的实施，可使美国军用集成电路研发时间从 28 周缩短到 9 周，并大幅提高军用集成电路的性能水平，如功耗降低 50%，运行速度和容量大幅提高，有助于拉大美军装备技术的代差优势。

二是进一步提高美国本土军用集成电路制造能力。前些年，美国国防部采取芯片可信代工策略，致使军用集成电路制造工艺相对落后。该项目的实施，不仅确保美国军用集成电路的本土制造，而且工艺水平得到大幅提升，从 28 纳米跃升到 10 纳米。

三是进一步提高军用集成电路的安全性。近年来，伪冒元器件严重威胁美军装备安全，逆向工程不断侵蚀美军装备技术优势，令美国国防部头疼不已。该项目的实施，将从研制、制造和使用等环节，进一步提高军用集成电路的安全性能，杜绝芯片伪冒和逆向工程带来的隐患。

（国家工业信息安全发展研究中心　李耐和）

金刚石半导体材料发展现状分析

2021 年 7 月，美国阿克汉半导体公司展示全球首个 300 毫米互补金属氧化物半导体金刚石晶圆。这是新一代半导体材料领域的重大突破，其作为最佳半导体材料，将大幅提升军民领域核心电子元器件性能。

一、金刚石材料特性

金刚石作为超宽带隙半导体材料的一员，具有优异的物理和化学性质，如高载流子迁移率、高热导率、高击穿电场、高载流子饱和速率和低介电常数等，表 1 给出金刚石与硅、碳化硅、氮化镓材料的主要性能对比。基于其优异的性能，金刚石被认为是制备下一代高功率、高频、高温及低功率损耗电子器件最有希望的材料，被业界誉为"终极半导体"。

表 1 金刚石与其他材料特性对比

材料种类	带隙/电子伏	热导率/（瓦/（厘米·开））	击穿电场强度/（兆伏/厘米）	电子迁移率/（厘米^2/（伏·秒））	饱和速率/（10^7厘米/秒）	介电常数
金刚石	5.5	22	10	4500	1.5~2.7	5.7

续表

材料种类	带隙/电子伏	热导率/（瓦/（厘米·开））	击穿电场强度/（兆伏/厘米）	电子迁移率/（厘米^2/（伏·秒））	饱和速率/（10^7厘米/秒）	介电常数
碳化硅	3.27	4.9	3.0	1000	2.0	9.7
氮化镓	3.4	1.5	2.5	2000	2.5	8.9
硅	1.12	1.5	0.3	1400	1.0	11.8

二、金刚石材料研发现状

（一）金刚石晶体制备

天然金刚石在地球上的储量非常稀少，且尺寸小、价格贵，阻碍了金刚石在各个领域的广泛应用。人造金刚石与天然金刚石结构相同、性能相近、成本相对较低，可应用于工业生产。因此，研究人工制备金刚石的方法来满足大量的工业需求成为热点。金刚石应用于半导体产业，需要较大尺寸的金刚石单晶材料。

进入21世纪以来，基于微波等离子体化学气相沉积的高速率生长、重复生长、三维生长、拼接生长、异质外延技术等的出现，促进了大尺寸金刚石的制备。2009年，日本产业技术综合研究所采用三维生长法制备出12.6毫米×13.3毫米单晶金刚石。但是，由于三维生长法的生长过程断断续续，会在中断处产生大量位错。2014年，该研究所采用马赛克法制备出40毫米×60毫米金刚石材料。然而，采用这种方法生长时，在衬底交界处会产生缺陷甚至开裂，并且工艺步骤多、效率低、成本高，不适合半导体金刚石衬底材料的批量制备。2017年，德国奥格斯堡大学科研人员在硅衬底上采用微波等离子体化学气相沉积异质外延技术,制备出直径约 90 毫米、厚度 1.6 毫米的单晶金刚石衬底,为大尺寸单晶金刚石研制提供新的技术途径。但由于采用异质外延,导致位错密度较高。2021 年 7 月,美国阿克汉半导体公司研制出全球首个 300 毫米互补金属氧化物半导体金刚石晶圆。

(二) 金刚石掺杂

金刚石材料在室温下呈现高电阻特性,无法用于半导体器件制作。为了降低电阻率,可通过向金刚石中掺入适当的元素实现 P 型、N 型掺杂,从而调控其电学性质,使其可以作为半导体材料应用。但金刚石掺杂难度非常大,尤其是 N 型掺杂难度更大。

对于金刚石的 P 型掺杂,目前采用最多的掺杂元素是硼。可以通过离子注入和化学气相沉积法在制备金刚石的反应室内加入硼源实现金刚石的硼掺杂。2000 年,日本早稻田大学采用 $B(CH_3)_3$ 作为硼源,控制载流子浓度为 2×10^{14}/厘米^3,使得电学性能增强。2014 年,得克萨斯大学研究人员在多晶金刚石上实现载流子密度达 2.5×10^{17}/厘米^3 的掺杂,电导率为 11/(欧·厘米)。2015 年,捷克共和国科学院物理研究所分别在 (100)、(110)、(111) 单晶金刚石衬底上制备硼掺杂金刚石层,研究发现 (100) 面为金刚石硼掺杂更为合适的晶面。2016 年,美国在金刚石掺杂技术上获得突破,研发出一种低温金刚石单晶体掺杂新工艺,可在较低温度实现硼原子在金刚石单晶体中的掺杂,具有简单、廉价、易操作等优点。该工艺的核心是在金刚石单晶体上附着一层带有硼掺杂的硅,然后加热到 800℃,硼原子就可以从硅中移动到金刚石中。通过将硅附着到金刚石晶体表面的特殊位置,能产生带有特定性能的金刚石,从而实现了选择性掺杂,在器件制造时可实现更高的控制力,将金刚石半导体器件的发展再推进一步。

N 型掺杂一直是困扰业界的难题。科学家尝试采用氮、硫、锂、磷等元素对金刚石进行掺杂以实现其 N 型导电。由于氮在金刚石中的杂质能级很深，含氮金刚石在室温下是良好的绝缘体，并不能实现金刚石的 N 型导电。锂掺杂金刚石后会位于金刚石的晶界、缺陷、间隙位置及替代位置等。磷的杂质能级位于导带底以下 0.58 电子伏，是目前发现的金刚石 N 型掺杂的最优掺杂元素。1997 年，日本无机材料研究所利用 PH_3 作为磷掺杂源，采用微波等离子体化学气相沉积技术在（111）金刚石衬底上第一次实现金刚石 N 型掺杂。样品在很宽温度范围内表现出 N 型半导体特性。在高磷掺杂（$>3.9\times10^{19}$/厘米^3）下，金刚石中电子由能带电导转变为最近邻跳跃电导，此时室温下电导值可超过 9.8×10^{-2}/（欧·厘米）。然而，高磷掺杂会严重影响电学性质。要得到高电子浓度、较低电阻率的 N 型金刚石半导体还非常困难。目前，N 型金刚石的室温电子浓度仅有 10^{13}/厘米^3 量级。

三、结束语

一代材料，一代器件，一代装备。300 毫米金刚石晶圆的问世，对于推动金刚石器件研发和应用具有重要意义。其应用将催生更高性能的电子器件和光电器件，有力推动更快速超级计算机、更先进雷达和电子战系统、超高效混合动力汽车、极端环境中电子设备、下一代航空航天电子装备的发展，使其性能迈上新的台阶。

（国家工业信息安全发展研究中心　李耐和）

美国 IBM 公司发布首个 2 纳米芯片制造工艺

2021 年 5 月 6 日，美国 IBM 公司公布世界首个 2 纳米芯片制造工艺，将进一步延续摩尔定律。采用该工艺制作的芯片密度为 3.33 亿个晶体管/毫米^2，是台积电 3 纳米工艺芯片的 1.3 倍；与 7 纳米工艺芯片相比，同性能下功耗降低 75%，同功率下性能提升 45%，将更好地满足军民领域对高端芯片的需求。

一、研发背景

随着集成电路尺寸的不断缩小，晶体管特征尺寸已接近原子量级，短沟道效应、量子隧穿效应等微观量子域现象导致晶体管载流子行为不受控制，漏电流增大、漏致势垒降低、热电子效应和载流子表面散射等问题变得日益严重，晶体管性能和寿命受到严重影响，致使先进工艺研发速度放缓甚至停滞。

面对摩尔定律即将终结的挑战，集成电路制造公司纷纷调整发展战略，联华电子公司和格罗方德公司在 2018 年宣布停止 7 纳米及更先进制程工艺研发，转向系统集成技术研究和已有工艺的应用开发。目前，仅台积电、三星电子、英特尔 3 家公司计划将 3 纳米工艺技术投入商业生产。2019 年 12 月，英特尔发布 2019—2029 年制造路线图，宣布 2025 年实现 3 纳米工艺量产；2020 年 1 月，三星电子宣布在全球率先研发出 3 纳米全环栅晶体管原型，如今已处在正式流片阶段。台积电方面则表示 3 纳米制程计划在 2022 年投入量产。在三家龙头企业争相发展 3 纳米工艺技术，努力获得技术领先优势、抢占未来市场的重要技术节点的时候，2021 年 5 月，IBM 公司公布 2 纳米芯片研发成功，但目前尚处于实验室阶段，距离大规模量产尚需要较长一段时间。表 1 给出不同工艺节点的晶体管密度。

表 1 不同工艺节点的晶体管密度（百万晶体管/毫米^2）

技术节点	IBM	台积电	英特尔	三星
22 纳米			16.5	
16/14 纳米		28.88	44.67	33.32
10 纳米		52.51	100.76	51.82
7 纳米		91.2	237.18*	95.08
5 纳米		171.3		126.5
3 纳米		292.21*		
2 纳米	333.33			

注：来自 wikchip 数据，不同的晶圆厂可能有不同的计数方法；
"*"表示估计逻辑密度。

二、发展历程

2 纳米技术是延续摩尔定律的产物。IBM 2 纳米技术的发展依然遵循着摩尔定律。随着硅电路越来越密集，晶体管面临距离过短导致的发热和漏电问题。10 纳米以下的晶体管甚至会出现"量子隧穿效应",导致晶体管电子不规则移动,严重影响芯片的运算准确性。与此同时,芯片更新所需的研发和量产成本不断升高。但是 IBM 该款芯片突破了半导体行业当前的技术瓶颈,将晶体管体积缩小至 2 纳米,因此被业界视为延续摩尔定律的重要继承者。

2 纳米技术突破建立在 IBM 数十年来在半导体创新领域领先地位的基础上。实现 IBM 2 纳米技术突破的公司是位于纽约州奥尔巴尼的奥尔巴尼纳米技术综合体的研究实验室。与英特尔和三星不同,这家计算巨头并不大规模制造芯片,而是将把它的 2 纳米处理器技术授权给芯片制造商。IBM 在半导体领域数十年的投入创新,使得它在半导体创新领域取得很多重大突破,包括 1966 年取得单管 DRAM 突破、1997 年公布铜互连布线、2001 发布了双核 RISC 处理器、2007 年 1 月高 k 栅极介质解决晶体管电流泄漏问题、2007 年 2 月发布嵌入式动态随机访问存储器、2015 年 7 月首次实现 7 纳米工艺技术、2016 年 11 月找到如何使用纳米碳管制造微型晶片的方法、2017 年 6 月首次实现 5 纳米工艺技术等。

三、应用前景

2 纳米制程芯片是迄今为止开发的集成度最高、功能最强大的芯片,在加快应用程序处理速度、快速接入互联网、助力目标检测算法更快运行、降低处理器能源消耗等方面具有明显优势。在满足瞬息万变的未来智能化战场态势智慧感知需求方面或将有助于提升智能感知速度、助力人工智能手段加快分析比对数据进行战场态势融合、提升网络化智能辅助决策系统效率;在无线传感器网络方面或将大大提升对战场环境的数据采集、处理和传输效率,通过在无人机上安装计算芯片,对视频进行实时处理,将含有目标信息的数据传回地面控制站,提供及时、高效的情报;在单兵智能装备方面有助于加快人员身份识别、提高卫星通信效率、了解人员分布态势及定位、减轻智能装备负荷以及能源消耗,提升单兵作战持久力。

四、发展趋势

一是延续摩尔定律 GAA 技术成主流。IBM 的 2 纳米制程采用三层 GAA 结构,首次使用底介质电隔离通道,以减少电流泄漏,有助于减少芯片的功耗;内部间隔采用第二代干法设计,可高精度控制源漏内间隔片的压痕形状,有助于实现精确栅控。IBM 2 纳米芯片采用的 GAA 技术相较于当前主流的 7 纳米及以上制程所采用的鳍式场效应晶体管技术比较:GAA 设计围绕着通道的四个面周围有栅极,从而确保了减少漏电压并且改善了对通道的控制,这是缩小工艺节点时的基本步骤,使用更高效的晶体管设计,再加上更小的节点尺寸,和鳍式场效应晶体管工艺相比能实现更好的能耗比。未来 GAA 技术将代替鳍式场效应晶体管技术成为延续摩尔定律的主流技术。

二是极紫外光刻机成为延续摩尔定律更先进制程的必备设备。由于极紫外光刻技术波长短(13.5 纳米)、分辨率高,能够实现更好的保真度,且减少曝光次数及掩模版数目,能有效促成更高的成品率,降低成本。IBM 的 2 纳米制程芯片的前道工序采用了极紫外线光刻技术进行加工。在已实用化的 7 纳米和 5 纳米制程节点,EUV 光刻机主要用于解决金属 1 层、过孔生成等最困难的光刻工序,其他大部分工序仍使用 193 纳米 ArF 浸润式光刻机(DUV)。相比当前使用的浸润式光刻+三重成像技术,EUV 光刻技术能将金属层的制作成本降低9%，过孔的制作成本降低28%。因此无论是从工艺角度还是从成本角度着眼，在未来延续摩尔定律更先进制程出现的时候极紫外光刻机必将成为必备设备。

（国家工业信息安全发展研究中心　张朋辉）

澳大利亚开发出目前世界最快的光学神经形态处理器

2021年1月,澳大利亚斯威本科技大学领导国际研究团队开发出了世界上最快的人工智能光学神经形态处理器,比之前处理器快1000倍以上,可处理超大规模图像,并实现完整面部图像识别。

一、发展背景

长期以来,科学家们一直致力于开发机器的学习与推理能力,使其具备人类一样的思维。而人工神经网络是实现"让电脑像人类一样学习思考"的一种突破性运算模型——通过模拟人脑的结构和运行原理来达到人类的学习能力。最近十多年来,人工神经网络的研究工作不断深入,已经取得了很大进展。人工神经网络作为人工智能的一种重要形式,可以"学习"并执行复杂操作,广泛用于计算机视觉、自然语言处理、人脸识别、语音翻译等领域。但目前所广泛应用的神经网络有着很强的局限性,使其无法真正去模拟人脑,进而获得人类的思考推理能力。主流的数字电子硬件的算力主要受限于两个方面，冯·诺依曼瓶颈和电子速率瓶颈。冯·诺依曼瓶颈是指，因数字架构中的分布式存储，在数据反复读取过程中导致的能源与算力的消耗；而电子速率瓶颈则是因电子微处理器中的寄生电容和互联时延问题，而导致的带宽限制。总而言之，我们现在所用的硬件不足以支撑真正"模拟人脑"的艰巨任务。

光学神经网络能克服电子神经网络的一些带宽瓶颈，如互连，并实现 10 太赫宽光通信频带所实现的超高计算速度。此外，光学神经网络在模拟框架中运行，避免了冯·诺伊曼瓶颈，已成为下一代神经形态计算的候选技术路径。在高度并行、高速和可训练的光学神经网络方面取得了重要进展，即在单个光子芯片上完全集成，从而提供超高的计算密度。然而，光学神经网络仍有大量改进的机会。处理实际生活中计算机视觉任务所需要的大规模数据对于光学神经网络来说仍然具有挑战性，因为它们主要是完全连接的结构，其输入规模仅由硬件并行性决定。这导致了网络规模和占用空间之间的权衡。而卷积神经网络受到视觉皮层系统（生物）行为的启发，可以抽象输入数据的原始形式，然后以前所未有的精度预测它们的性质，并大大降低参数复杂度。卷积神经网络已广泛应用于计算机视觉、自然语言处理等领域。

二、关键技术

该国际研究团队开发的人工智能光学神经形态处理器主要是使用相同的硬件形成一个卷积的加速器前端和一个完全连接的神经元层，并将它们组合成一个光学卷积神经网络，利用集成的克尔微梳源将波长、时间和空间维度交织，将微梳进行频域整形并且与高速光点调制相结合，实现了输入数据在并行波长通道上的组播和加权,然后采用光学色散介质作为缓存,对组播信号进行了步进延时(步长为单个码元时长),从而在时域上对齐了不同波长通道中需要加权求和的码元,最后通过光电转换实现处理结果的高速实时读取。通过这一系列步骤,波长构架的卷积窗口(感知域)即可在时域以超过60吉波特的速率滑动,结合克尔微梳所实现的高并行度(C波段90个波长通道)实现了高达11.322万亿次/秒的矢量计算速度。然后用它来处理25万像素的图像,其矩阵处理速度为3.8万亿次/秒。该处理器对MNIST手写体数字数据集中的图像进行识别,准确率达到88%。该光学神经网络代表了实现单片集成光学神经网络的重要一步,并通过使用集成微梳芯片得以实现。因此,可以作为一个通用的超高带宽前端,提取任何神经形态硬件(基于光学或电子)的数据特征,使实时和超高带宽数据的海量数据机器学习触手可及。图1给出万亿次光子卷积加速器电光工作原理。

具体工作原理为:第一,光子矢量卷积加速器(图1)具有高速电信号接口,用于数据输入和输出。输入数据向量 X 在传输速率 $1/\tau$(baud)的串行电信号波形信号中被编码为时间符号的强度,其中 τ 为符号周期。长度为 R 的权向量 W 通过整形器对微梳线进行频谱整形,编码为微梳线的光功率。第二,通过电光调制将时域波形 X 多播到核心波长通道上,产生 W 加权的副本。第三,光学波形通过一个弥散延迟传输,其延迟步长(在相邻波长之间)等于 X 的符号持续时间,有效实现时间和波长交错。第四,通过高速光电检测对延迟和加权的复制进行求和,使每个时间槽对给定的卷积窗口(或接受域)产生 X 和 W 之间的卷积。每个输出符号都是 R 乘累加运算的结果,运算速度为 $2R/\tau$ 万亿次/秒。由于这一过程的速度与波特率和波长数成正比,微梳中大量平行的波长数产生了许多 TOPS 的速度。此外,输

入数据的长度 X 在理论上是无限的,因此卷积加速器可以处理任意大尺度的数据——唯一的实际限制是外部电子设备。

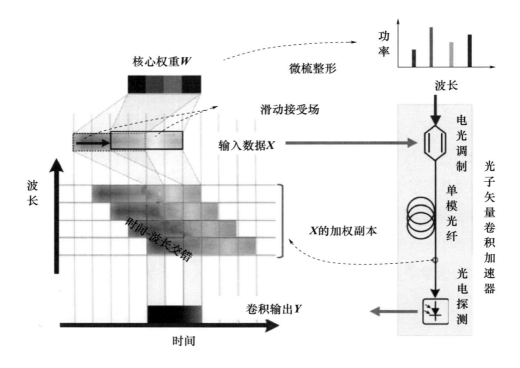

图1 光子矢量传感器卷积加速器电光工作原理示意图

尽管光学神经网络的性能还不能与大于200万亿次/秒(例如谷歌TPU15和其他芯片)的先进电子处理器竞争,但有一些直接的方法可以在规模和速度上提高该处理器的性能。卷积的加速器和卷积神经网络都可以通过使用现成的电信组件在规模和速度上进行大幅扩展。全S、C和L通信波段(1460~1620纳米,超过20太赫)将允许超过400个信道(50吉赫间距),进一步利用极化和空间维度,最终使卷积神经网络的运算速度超过1千万亿次/秒;虽然系统具有不可忽视的由色散光纤轴的传播延迟引起的0.11微秒的光延迟,但这并不影响运行速度。此外,这种延迟几乎可以消除，通过使用集成的高度色散器件，如光子晶体或定制啁啾布拉格光栅，可以实现所需的差分渐进延迟时间（15.9 皮秒）；最后，目前的纳米制造技术可以实现卷积加速器的更高水平集成。微梳源本身基于互补金属氧化物半导体兼容平台，适合大规模集成。其他组件如光谱整形器、调制器、色散介质、解复用器和光电探测器都可以以集成的形式实现。

三、结束语

光学神经形态处理是一个相对年轻的领域，但光学神经网络现在已经达到万亿次每秒的水平，有潜力达到千万亿次每秒的水平。因此，光学神经形态硬件最终将在计算密集型操作中发挥重要作用，或许在混合光电框架中发挥支持作用。这将有助于减轻数字电子的沉重计算成本，同时提高神经形态处理器的整体性能。

（国家工业信息安全发展研究中心　张朋辉）

美国开发出世界最节能的高速模数转换器微芯片

2021年5月，美国杨百翰大学采用时间交织逐次逼近架构和28纳米CMOS工艺，开发出世界上能耗最低的高速模数转换器微芯片，功耗仅21毫瓦，比当前主流模数转换芯片低两个量级，转化效能达世界领先水平，为彻底解决模数转换器芯片高效能与低功耗无法兼顾的难题提供了新的技术途径。

一、研发背景

当今世界无时无刻不传递着温度、压力、声音、图像等容易被人类所感知和获取的模拟信息。但随着世界越来越数字化，数字计算和信号处理应用越来越广泛，需要通过专门的数据转换器实现模拟信息和数字数据信息之间的传递和转变。模数转换器正是此类数据转化器的一种。模数转换器是串联模拟世界和数字世界的通道，对模数转换器的研究从20世纪到现在从未间断过。最早的研究是Reeves在1937年为解决电话中噪声问题利用真空管申请的一项5比特模/数转换器专利。1947年锗的发明,推动了晶体管技术的进步,也大大推动了模数转换器技术的发展。到1954年,跨时代意义的硅基晶体管被发明,从真正意义上推动了模数转换器的研究与发展。直到现在,随着工艺制程的不断进步,技术的不断迭代,人们仍在硅基晶体管基础上对模数转换器进行探索和研究。随着硅基制程工艺进入纳米时代,甚至已实现7纳米、5纳米工艺的量产,对晶体管寄生电容的减小、截止频率的提高有极大的提升,也使得超高速模数转换器研究日新月异,技术参数不断进步。

模数转换器芯片可将时间、幅度均连续的模拟信号转换为时间、幅度均离散的数字信号,以便于信号处理、存储,提高抗干扰能力。与处理模拟信号相比,数字信号更易处理和分析。随着数字信号处理在消费电子、光通信、医药医疗、国防军备、图像信息处理各领域的应用越来越广泛,模数转换器的作用也愈发重要。特别是5G/6G时代的到来,使得需要处理的数据量越来越庞大,同时所带来的耗电量也将会是第四代移动通信技术的数倍。近年来,随着数字信号处理器技术和集成电路制造工艺的不断优化,模数转换器的信号采样频率已提升至10吉赫以上,分辨率达6~8比特,但功耗问题突出,尤其是采用大规模时间交织架构的信号采集系统,功率损耗十分严重,制约了高速模数转换器在微小型系统中的应用。

二、关键技术

逐次逼近型模数转换器的量化思想是基于"二分法"搜索进行多次比较获得最终量化结果的方式。逐次逼近型模数转换器架构,由采样电路、模数转换阵列、高速比较器和逐次逼近数字逻辑这几个部分构成。对于一

个量化范围为 V_{FS} 的逐次逼近型模数转换器，采保后的信号首先和 $V_{FS}/2$ 比较得到最高位，然后根据比较结果判定接下来是要与 $V_{FS}/4$ 比较还是与 $3V_{FS}/4$ 比较来得到次高位。以此类推，二分式地向下比较，直到完成与量化位数 N 相同次数的比较后得到最终量化输出。所以逐次逼近型模数转换器与流水线型模数转换器一样，都是串行量化结构。

在高速及超高速模数转换器芯片设计中，单一架构的模数转换器很难达到速度要求，因此常常使用时间交织技术来达到在简单架构基础上并行处理的目的，以满足超高速采样率的设计要求，在此基础上，利用时间交织技术来实现超高速的采样率，在高速高采样率模数转换器的设计中已广泛应用。

杨百翰大学制成的高速模数转换器微芯片尺寸为 130 微米×170 微米，由一个通道模块、一个逐次逼近逻辑电路模块、一个时钟分配模块、两个模数转换模块组成；采用八重时间交织逐次逼近采样系统架构，能够在有效提升模数转化器速度的同时保持高精度；利用 28 纳米互补金属氧化物半导体工艺制造。研究人员通过以下技术创新，同时实现了低功耗和高速转换：一是在时间交织逐次逼近信息采集系统架构下，设计了分布式对称电容结构，极大降低了转换电容和底板寄生电容；二是利用双自举采样开关，大幅拓展系统的无杂散采样动态范围。

这种高速模数转换器芯片采样频率可达 10 吉赫，分辨率 8 比特，与当前同类模数转换器芯片相比，功耗、无杂散动态范围、品质因数等均达世界最先进水平。一是功耗大幅降低，创世界纪录。功耗仅 21 毫瓦，模拟分析结果显示，功耗来源包括比较量测器（2.9 毫瓦）、模数转换电容（0.7 毫瓦）、逐次逼近逻辑电路（15.5 毫瓦）、时钟分配电路（1.5 毫瓦）。二是无杂散动态范围进一步拓展。借助双自举采样开关的优化作用，芯片在奈奎斯特带宽①内的无杂散采样动态范围增加了 5 分贝，至 59 分贝，达到世界领先水平。三是品质因数世界最优。芯片品质因数 37 飞焦/收敛步长，是目前已知的最佳值。

三、结束语

杨百翰大学高速模数转换器芯片克服了模数转换器芯片效率与功耗性能无法兼顾的难题，在功耗、无杂散动态范围、品质因数等方面达到世界最先进水平，且与主流 28 纳米制程 CMOS 工艺兼容，可大规模生产，有望大幅延长微小型无人装备、智能穿戴设备、嵌入式器件等低功率系统的续航时间。

（国家工业信息安全发展研究中心　李铁成）

---

① 在无噪声情况下的符号速率，当信道带宽为 B 时所能发送的最大符号速率为 $2B$，如果超过 $2B$ 接收方就会产生码间干扰，无法恢复出原信息。

美国开发出"存算一体"深度神经网络系统

2021年1月,美国斯坦福大学在DARPA"电子复兴计划""三维单芯片系统"(3DSOC)项目的支持下,开发出兼具存储与数据处理功能的"存算一体"深度神经网络系统。该系统能够高速、低功耗地执行人工智能计算任务,预计3~5年内投入使用。

一、发展背景

随着大数据、物联网、人工智能等应用的快速兴起,数据以爆发式的速度快速增长。海量数据的高效存储、迁移与处理已经成为电子信息领域的重大挑战之一。但是,受限于经典的冯·诺依曼计算架构,数据存储与处理是分离的,存储器与处理器之间通过数据总线进行数据传输,如图1所示。在面向大数据分析等应用场景中,这种计算架构已成为高性能低功耗计算系统的主要瓶颈之一。

一方面,数据总线的有限带宽严重制约了处理器的性能与效率,不管处理器运行得多快、性能多好,每次执行运算时,都需要把数据从存储器

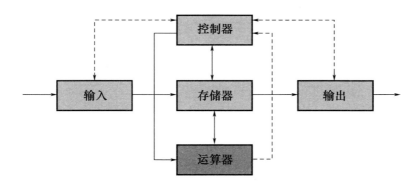

图 1　冯·诺依曼计算架构示意图

经数据总线搬移到处理器中，数据处理完之后再搬移存储器。因此，存储器的带宽在很大程度上限制了处理器的性能发挥，此即"存储墙"挑战。另一方面，数据在存储器与处理器之间的频繁迁移带来严重的传输功耗问题，即"功耗墙"挑战。与此同时，摩尔定律正逐渐失效，依靠器件尺寸微缩来继续提高芯片性能的技术路径在功耗与可靠性方面都面临巨大挑战。因此，传统冯·诺依曼计算架构难以满足智能大数据应用场景快、准、智的响应需求。

在电子信息领域，"存储墙"与"功耗墙"问题并称为冯·诺依曼计算架构瓶颈。智能大数据处理的挑战实质是由硬件设施的处理能力与所处理问题的数据规模之间的矛盾引起的。构建高效的硬件设施与计算架构，来应对智能大数据应用背景下的冯·诺依曼计算架构瓶颈具有重要的科学意义与应用前景。

二、关键技术

斯坦福大学的新型深度神经网络系统采用商用硅互补金属氧化物半导

体技术实现器件的异构集成。硬件方面，该系统由 8 个计算芯片组成网络，各计算芯片包含一个 18 千比特的阻变存储器（RRAM）和一个 8 千比特的静态随机存储器（SRAM），处理单元和片上存储器紧密相连；软件方面，该系统由映射算法、调度算法、分布式算法组成。映射算法在编译时将深度神经网络（DNN）权值映射到芯片网络，确保芯片间的数据稀疏。调度算法合理分配每一个计算芯片的使用，及时唤醒或关闭芯片功能；分布式算法用来克服阻变存储器重复擦写信息恢复能力的挑战。硬件与软件的创新改进使系统能够低功耗、高效能地执行各类深度神经网络推理计算。

新型深度神经网络系统的技术特点主要有 3 个方面：一是 8 块计算芯片均具有独立的数据处理器，并与其片内存储器相邻，可实现高带宽、低功耗的存储器访问，降低"存储墙"与"功耗墙"的影响；二是 8 个计算芯片可并行执行神经网络推理任务，经过调度算法的分配，可根据计算任务类型，快速灵活唤醒或关闭计算芯片，显著降低了系统功耗，提升了数据处理速度；三是片上存储器采用相变存储机制，读写速度较闪存更快，能耗更低，可在断电情况下存储数据。

斯坦福大学研究团队在法国原子能委员会电子与信息技术实验室与新加坡南洋理工大学的协助下，构建了该深度神经网络推理系统的原型，并在模拟中将该系统扩展至 64 芯片的深度神经网络推理系统，用自主开发的新算法对现有人工智能程序重新编译，对新系统进行了测试。结果显示，新系统在执行长短期记忆网络（LSTM）任务的运算时间为 25.69 秒，能耗为 18.66 毫焦，控制在理想芯片[①]的 2.5% 和 3.5% 以下（理想芯片的运算时

---

① 理想芯片处理器（架构为 FPGA）即神经网络系统完全安装在密集、低能耗、高带宽可访问大型片内存储器（易失性或非易失性）中，内存墙被最小化。

间为 25.13 秒，能耗为 18.06 毫焦）。与存储分离处理器相比，该系统运行人工智能程序的速度提升 7 倍，能耗为 1/7。此外，该研究团队还开发了新的算法，重新编译为当前处理器编写的现有人工智能程序，以便在新的多芯片系统上运行，并对人工智能程序进行了测试，未来将针对提高单个芯片的处理和存储能力开展进一步的研究，并将实现低成本的批量生产。

三、技术发展趋势及挑战

近年来，人们在存算一体架构方面进行了大量探索，然而相关研究较为分散，尚缺乏完整的理论框架和技术体系，实现真正意义上存算一体的人工智能系统需要更加深入系统的研究，重点开发小型化、低功耗、低延迟的新型计算器件，建立适应感存算一体计算器件的新型计算体制，发展与感存算一体硬件系统相匹配的新型人工智能算法和学习框架；同时，在存算一体的基础上，融合和发展高密度储能、高效率能量转换、能量管理与控制智能算法、高能效低延迟驱动技术，建立和完善全要素智能系统理论体系。目前，存算一体芯片大规模产业化的挑战主要来自两方面：

一是技术层面。存算一体芯片涉及器件－芯片－算法－应用等多层次的跨层协同。例如，细分应用场景的不同性能需求决定了神经网络算法与芯片的设计，算法依赖神经网络框架、编译、驱动、映射等工具与芯片架构的协同，芯片架构又依赖器件、电路与代工厂工艺。这些对存算一体芯片的研发与制备都是当大的一个挑战，尤其需要代工厂的支持。特别是基于新型存储介质的存算一体技术，器件物理原理、行为特性、集成工艺都不尽相同，需要跨层协同来实现性能（精度、功耗、时延等）与成本的最优。

二是产业生态层面。作为一种新兴技术，想要得到大规模普及，离不开产业生态的建设，需要得到芯片厂商、软件工具厂商、应用集成厂商等的大力协同、研发、推广与应用，实现性能与场景结合与落地，尤其在面对传统芯片已经占据目前大部分已有应用场景的前提下，如何突破新市场、吸引新用户是快速产业化落地的关键。一方面需要优化工具与服务，方便用户使用；另一方面需要尽量避免竞争，基于存算一体芯片的优势，开拓新应用、新场景、新市场，创造传统芯片无法覆盖的新型应用市场。

四、结束语

该"存算一体"深度神经网络推理系统将打破存储、计算分离的架构，大幅缩小智能系统体积、重量、功耗、成本，提升其反应速度和智能水平，非常适合用于类脑计算、虚拟现实、智能化系统的研究，在人工智能物联网领域具有非常大的应用前景，将有效推动军事装备的信息化、数字化、智能化建设。

（国家工业信息安全发展研究中心　李茜楠）

美国白宫发布半导体制造和大容量电池供应链审查报告

2021年6月8日，美国白宫发布《建立弹性供应链，振兴美国制造业，促进基础广泛增长：第14017号行政命令下的百日审查》报告。报告根据总统拜登2月24日签署的第14017号"美国供应链"行政令要求，由美商务部、能源部、国防部和卫生与公共服务部四个部门分别对半导体制造和先进封装、大容量电池、关键矿物和材料、药品及活性药物成分四种关键产品的供应链进行全面审查，分析各产品供应链的现状和潜在风险，并就加强供应链弹性提出具体建议。

下面摘录该报告中有关半导体制造和大容量电池供应链审查的主要观点。

一、对半导体制造和先进封装的审查

半导体是集成电路的物质基础，对现代生活至关重要，几乎可用于所有的技术产品，同时也是最先进军事系统的基础。2020年，美国半导体行业收入约占全球总收入的47%，但其制造能力占全球份额已从20年前的37%下降到目前的12%左右。新冠疫情进一步凸显了半导体行业对于应对紧迫挑战的重要作用。基于此，报告从5个环节（设计，制造，组装、测试与封装（ATP）和先进封装，材料，制造设备）对美国半导体供应链进行了全面审查。

（一）供应链现状

设计方面，美国拥有强大的半导体设计能力，并处于世界领先地位，但所需的知识产权、劳动力以及制造资源等较为有限并高度对外依赖。制造方面，美国半导体缺乏自主生产能力，主要依靠台湾地区生产前沿逻辑芯片，中国、韩国等生产成熟制程芯片。组装、测试与封装和先进封装方面，美国对于技术含量相对较低的后端组装、测试与封装主要依赖于亚洲国家，且缺乏发展先进封装所需的制造材料和成本效益环境，同时中国的大规模投资可能对先进封装市场产生颠覆性影响。材料方面，半导体生产需要数百种材料，美国可生产用于半导体制造的气体和湿化学品，日本、台湾地区等在硅片、光罩和光刻胶市场上占据主导地位。制造设备方面，美国在大部分前端半导体制造设备方面占全球市场份额较大，但光刻设备生产主要集中在荷兰和日本，且这些设备制造商的主要市场均不在美国。

（二）供应链风险评估

报告认为，美国半导体供应链主要存在8个风险点。一是半导体供应链呈全球化分布，并有高度专业化和制造企业地理位置集中等特点，使供应链更为脆弱；二是存在恶意插入微电子漏洞、伪造半导体等破坏行为，容易造成质量缺陷；三是对过时及非前沿半导体的持续需求，与有限的供应商数量及高生产成本之间存在矛盾；四是地缘政治因素影响；五是中国半导体产业的成长降低了美国对半导体产业的吸引力；六是人才短缺；七是知识产权窃取；八是大规模研发资金的需求与潜在收益不匹配导致投资意愿降低。

（三）政策建议

报告针对半导体供应链存在的风险提出了7项政策建议。一是加强与产业界、盟友和伙伴的合作，提高信息透明度和投资力度；二是为半导体的研发及生产设施建设等提供资金支持；三是通过立法等举措优化国内半导体制造生态系统；四是为制造商特别是中小企业提供资金等资源支持；五是通过培训、投资以及修改移民政策等措施，为半导体行业提供多样化的人才引进途径；六是与盟国及伙伴合作，增强半导体供应链弹性，鼓励外国制造商和材料供应商在美及其盟国投资，推进研发伙伴关系，并利用政策解决市场失衡等问题；七是利用出口管制、外国投资审查等政策，保护美国在半导体制造和先进封装方面的技术优势。

二、对大容量电池的审查

大容量电池可用于车载储能、地面储能及其他国防应用。随着美国对电动车和地面储能需求的增加，投资者也增加了对清洁能源的投资。政府和私营企业需在大容量电池的原材料生产、材料提炼和加工、电池材料和电池制造、电池组装和最终产品制造、电池报废和回收5个主要环节采取协调行动，以在全球电池市场取得领先地位。

（一）供应链现状

原材料生产方面，镍、锂和钴等关键材料的生产不足是造成大容量电池供应链上游脆弱性的主要因素，而美国目前仅能进行锂的提取和提纯，其他所需原料的生产高度依赖国外。材料提炼和加工方面，美国开采的关键矿物通常被用于出口，国内的提炼和加工能力严重不足。电池材料和电池制造方面，美国电池材料和电池制造产能不到全球市场份额的 10%，而中国产能已达到了全球的 75%。电池组装和最终产品制造方面，为满足北美电动汽车生产需求，美国已经建立电池组制造基地，但美国消费市场仍然落后，政府对电池和电池组制造能力的补贴可以促进消费市场的发展及私营部门的投资。电池报废和回收方面，增加对报废产品关键材料的回收利用不仅可以抵消对矿物开采的需求，还可以成为关键材料的另一重要来源。

（二）供应链风险评估

报告总结出最有可能引发大容量电池供应链风险的 3 个方面。一是出口限制、环境和人权问题等政治因素，如中国可能对钴、镍、锂、石墨、成品阳极或阴极材料的出口进行管制；美官方及民间以所谓的涉嫌侵犯人权为由，对其他国家相关产品的限制等；二是市场和经济冲击，包括需求增加导致的钴、镍、锂等材料价格上涨，对高碳排放产品征税或处罚等；三是自然灾害、流行病等不可抗力影响。

（三）政策建议

为确保和推进美国在全球电池供应链中的竞争地位，报告提出了 4 项政策建议。一是刺激交通运输行业和公共事业部门等对大容量电池的使用需求，推动校车、公交车等的电气化，加强电动汽车充电设施建设；二是加强钴、镍、锂等材料供应源的可靠性，包括加强国内矿物的可持续开采、提炼和回收，投资和扩大全球矿物生产等；三是颁布新的拨款计划并充分利用现有"先进技术车辆管理贷款计划"、《美国复苏和再投资税法》等政策，促进可持续的国内电池材料、电池和电池模组生产；四是加大对人员和技术创新的投资，减少对关键材料的依赖，建立美国大容量电池制造研究所等。

三、结束语

该报告中明确指出，安全、有弹性的关键产品供应链对于确保美国的国家安全、经济安全以及技术领先地位至关重要。为此，报告提出全面加强美国供应链弹性的六项措施建议，包括：①重建美国的生产和创新能力；②为市场的可持续、高质量发展提供支持；③发挥政府作为关键产品购买者和投资者的作用；④改进国际贸易规则及贸易执行机制；⑤加强国际合作，减少全球供应链中的脆弱性；⑥与工业界积极合作，解决现有供应链短缺问题。这些建议未来将对美国关键产品的制造和研发能力、人才培养、国内和国际合作等多方面产生深远影响。目前，美国政府各部门和机构已经开始执行报告的相关建议，同时启动了第 14017 号行政令指示的第二阶段任务，即对国防工业基础、公共卫生和生物防务产业基础、信息和通信技术产业基础、能源部门工业基础、运输工业基础以及农产品和食品生产供应链六个关键工业基础部门进行全面评估，并预计于 2022 年 2 月提交评估报告。

（中国船舶集团第七一四研究所　张怡鑫　钱中）

美国发布《美国国家半导体技术中心愿景》白皮书

2021年美国国防授权法案要求创建国家半导体技术中心,以确保通过技术创新能力促进半导体技术领域的增长。2021年11月,美国MITRE Engenuity基金会与半导体联盟联合发布《美国国家半导体技术中心愿景》白皮书,就该中心的工作原则和职能等提出自己的看法。

现将该白皮书主要内容摘录如下:

一、半导体危机

毫无疑问,美国是全球半导体研发的发动机。

过去10年,美国在研发上的投资几乎是世界其他国家投资总和的两倍。从许多方面来看,美国的创新正在引领美国的增长。按2015年收入计算,全球前20家半导体公司中有一半在美国,约占全球销售额的50%。然而,在这些数字之下隐藏着更复杂、不断变化的竞争格局。

从产品设计到交付给客户,单个半导体芯片经过1000多个生产步骤,涉及 70 多个国家。其中一些是在盟国或美国境内，但许多步骤，尤其是制造已经被转移到海外。美国目前仅拥有全球半导体制造能力的 12%，低于 1990 年的 37%，并且没有最先进的制造节点。相比之下，台积电所在的台湾地区占先进逻辑半导体制造（小于 10 纳米）能力的 47%。中国大陆投资 1500 亿美元力争在 2030 年前获得全球 40% 新增制造能力，使其预期市场份额达到 25%。

二、战略整合

鉴于半导体行业如此庞大和多样化，对美国经济和国家安全利益都至关重要，所以对美国国家半导体技术中心的投资需要从跨部门以及更高站位的战略视角来进行决策，而不能仅局限于该中心的利益范围。为此，成立 MITRE Engenuity 半导体联盟，以整合美国半导体行业力量。

该联盟召集了来自 10 多家美国主要半导体公司的多元化专家团队（团队专家涉及半导体价值链整个环节），并组成了半导体联盟的核心工作组。还将定期与初创企业、大学、主要行业协会、投资者和政府各部门的利益相关者接触，以确保考虑到整个半导体生态系统的各方观点。

MITRE Engenuity 半导体联盟作为一个公正、独立和客观的非营利组织，在半导体行业没有经济利益。因此，能够客观调解各方意见，并围绕共同的主题和想法建立共识。如：实施《国家半导体技术中心协议》的主要原则，协调美国政府在先进半导体技术方面的计划和项目；确保美国政府的投资明显提高美国的经济弹性和国家安全等。

三、关键问题

对于复杂的全球半导体行业来说，有效地将创新转化为国内增长需要战略性和有针对性的投资。

由于美国缺乏突破性半导体技术的原型制造、扩展和转移制造能力，从而使得美国在半导体领域的领导地位受到威胁，而这些技术也正是国家安全和经济弹性所必需的未来信息和通信解决方案的基础。为了确保美国在下一代半导体技术中的领导地位，加强美国将世界领先的研发转化为国内成熟、可制造的技术创新的能力至关重要！

目前，美国已经处于领导下一代半导体技术设计的强势地位。过去10年，美国在半导体研发资助方面领先于世界其他地区，拥有多所世界领先的研发大学，并在电子设计自动化工具（占96%的市场份额），制造设备（占52%）和核心IP（知识产权）（占52%）市场上处于领先地位。然而，在把新想法转化为工业商业竞争优势上，美国目前面临两个重要的制约因素：

（一）跨越"死亡之谷"的困难

虽然美国半导体行业已经成功将许多突破性技术推向市场，但还有很多有前途的创新由于缺乏资金而导致早期技术被无限期搁置或过早放弃，即陷入了"死亡之谷"。

（1）相关的大学研究和政府资助项目很多，但这些资金来源通常无法保证能够持续地将技术推进至工厂生产阶段。例如，美国国家科学基金会和能源部对早期基础研究和实验室开发的资助；半导体研究公司也赞助这种类型的大学研究；其他政府资助，如DARPA以项目驱动为重点，可灵活解决技术的成熟度和扩展度，但无法完全保证资金支持持续到技术进入工业生产之中。

（2）工业投资一般会倾向于投资于有能力超越实验室环境的技术，即低风险投资。目前，美国只有少数几家公司（如英特尔和美光）拥有资源、基础设施和专业知识，可以弥合基础研究资金来源和行业投资将技术转化为商业生产之间的差距。风险投资（VC）有时会填补其他行业的资金缺口，但半导体行业的 VC 资金已大幅减少。投资者倾向于选择上市时间快、退出期限为 5~7 年、资本支出低、技术风险低的软件驱动型公司。在半导体行业，突破性技术通常需要 10 年以上的时间才能商业化，制造晶圆厂需要花费数十亿美元，技术风险很高。没有投资，许多想法就缺乏从"实验室到工厂到市场"的国内路径。

（二）追求"全栈"创新

为了实现真正的下一代技术进步，公司必须进行大胆的探索并承担风险。孤立地迭代开发各方面的新技术是不够的，而是需要探索革命性的新思想：需要将许多元素聚集在一起，创造一种实用的新技术。这些元素构成了"计算堆栈"。"全栈"创新就是计算堆栈所有元素的创新。以智能手机为例，必须在计算堆栈的每一层都进行创新，才能将手机改造成具有手持式计算机一样的功能。

同样，全栈创新对于开发下一代半导体和支持半导体的技术至关重要，包括但不限于用于 AI、内存计算、量子计算机和封装的下一代处理器。此外，采用全栈方法对于确保下一代技术的安全性也非常重要。攻击者通常会找到堆栈中最薄弱的链路来访问并破坏系统。当一个新系统以零敲碎打的方式创建，而不是关注整个堆栈时，它所包含的不同元素之间往往会有更多的安全漏洞。全栈创新是确保美国可以开发对私人和政府用户都安全的下一代复杂技术的关键。

（三）美国半导体生态系统面临的双重困难

（1）保守。一流美国公司倾向于利用现有的技术，而不是探索大胆但有风险的计划，但正是这些有风险的计划才有可能颠覆计算堆栈并带来下一代计算范例。

（2）缺乏整体协调。公司也倾向专注于堆栈的一个子集，在半导体行业中没有协调实体来推动和实现集体全栈创新。当需要新的半导体材料和工艺来实现新的解决方案时尤其如此。如果没有明确定义的、协调的和资源充足的跨组织协作来开发突破性技术，就更难实现革命性的想法。没有更有效地将单个元素的创新集成到功能性最终用户解决方案中。

总之，美国目前缺乏一个能够协调整个堆栈的创新实体，将创新从实验室推动到大规模制造阶段，正是这一点限制了美国将创新转化为美国增长的能力。

四、国家半导体技术中心

下面是设想的美国国家半导体技术中心的工作原则、核心职能与评估标准。

（一）工作原则

为创建一个能够填补上述生态系统空白并响应国防授权法案（NDAA）的呼吁，开展"加强整个国内生态系统"的工作，必须需要跳出思维框框，不受现有组织或倡议的范围和利益的限制。建议遵循以下工作原则：

（1）提高国家半导体技术中心治理有效性：如有效规避利益冲突或陷入短期利益的局限性。

（2）专注革命性创新：国家半导体技术中心应专注于各种类型半导体的革命性创新，而非进化性创新（不仅是前沿的逻辑电路），并应推动协作性的全栈创新，从而填补生态系统的空白。

（3）拓宽创新渠道：初创公司和老牌公司都应该有机制参与国家半导体技术中心，并从多种渠道获得突破性创新。

（4）激发创新突破：国家半导体技术中心应该发起突破性挑战，促进思想竞争，以确保国家半导体技术中心投资于技术上最有前途、商业上最有影响力的载体，而不是把所有鸡蛋放在一个篮子里。

（5）技术落地：国家半导体技术中心应该促进突破性技术从"实验室到工厂"，从而实现美国创新的国内制造。

（6）基础设施开发与利用：为了最有效地利用资源，国家半导体技术中心应利用全国各地的相关现有设施，建设或获得新的基础设施，根据需要填补空白，以完成其技术任务。

（7）充分发挥国家半导体技术中心的所有职能：应该以相互促进的方式将技术原型和扩展与投资和劳动力开发结合在一起，也应该与现有和未来的政府和行业投资相互促进。

（二）核心职能

国家半导体技术中心的4项基本核心职能分别为：启动突破性挑战、管理战略投资基金、提供探索性基础设施和设施接入、推动劳动力发展。为了获得最大影响力，这4项核心职能需要相互协同配合。

为了确保国家半导体技术中心专注于革命性的目标，并围绕一系列共同的问题协调创新，国家半导体技术中心应该推出一系列突破性挑战，而突破性挑战应具备以下特点：①一旦实现，将对美国经济和国家安全具有重要应用价值，并有可能在此过程中产生溢出创新；②聚焦7~12年后的行业发展水平；③解决任何公司或组织都无法独自解决的问题，即需要跨组织协作的工作。

（三）评估标准

美国半导体战略必须加快国内微电子技术开发和生产、加强国内微电子劳动力，并确保美国微电子研发领域处于全球领先地位。据此，本报告参考对美国竞争力至关重要的行业中复杂和尖端技术的相关评估标准，提出国家半导体技术中心的工作评估标准如下：

（1）无障碍网络：在美国各地建立一个无障碍的国内设施网络，让创新者能够快速且容易尝试有风险的新想法。

（2）振兴国内半导体制造业：增加美国半导体初创公司的数量，鼓励公司利用国内设施进行原型制作、扩大规模，并最终实现国内生产，增加美国晶圆厂和代工厂的新产品、新工具和新工艺流程，包括建造晶圆厂和代工厂。

（3）加强院校项目合作：通过与大学、社区学院和职业项目合作，提供课程开发、体验式培训和职业机会，为美国强大的半导体劳动力做出贡献。

（4）加强对国外研发中心的吸引力：促使美国成为全球创新和制造业的中心/磁石，让美国和外国公司将研发中心和制造设施迁至美国。

（5）扩展突破性技术：从每个突破性挑战成功原型化和扩展至少一项代表基础变革的半导体行业突破性技术，从而实现向国内制造的过渡。

此外，应将这些指标设计得更加具体和可衡量，这对帮助美国未来几十年有效提升领导力、复原力以及保护国家安全至关重要。

五、未来措施

（一）保证资金的持续性

为维持初始投资的影响，国家半导体技术中心必须联合企业和政府保证资金和资源的持续性。但是一方面，国家半导体技术中心不可能在几年内实现自给自足，并且尖端装备耗资巨大，仅光刻机就耗资高达数亿美元，若没有持续的投资，国家半导体技术中心很难保持足够的收入来跟上技术的发展。

（二）与其他美国投资方协调

国家半导体技术中心若要取得成功，必须与 NDAA 在半导体行业的其他投资合作，并与美国国家半导体技术中心现有的研发半导体生态系统合作。

（三）加强美国国家安全态势

为加强美国的经济弹性和国家安全，国家半导体技术中心必须依靠突破性的技术来支持和响应国防部和情报部门的需求。

（四）创建整体战略

随着技术和经济实力成为现代主战场，美国还应考虑并解决其他政策因素，如税收政策及其对资本密集型和资产密集型企业、出口管制、环境许可法规的影响，美国外国投资委员会（CFIUS）的审查和技术工人的移民途径等因素。总体而言，美国需要一个支撑性的政策环境来补充国家半导体技术中心的作用，才能保证有前途的技术能够落地美国，并进一步商业化。

（中电博微电子科技有限公司　王传声）

FULU

附 录

2021 年军用电子元器件领域科技发展十大事件

一、世界首个 2 纳米芯片问世

2021 年 5 月,美国 IBM 公司发布世界首个 2 纳米芯片(图 1)。该芯片集成度为 3.33 亿个晶体管/毫米^2,与 7 纳米工艺芯片相比,同性能下功耗降低 75%,同功率下性能提升 45%。其关键技术:一是采用 3 维纳米片堆

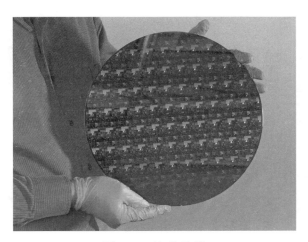

图 1　2 纳米芯片

叠晶体管技术,与主流鳍式场效应晶体管相比,开关速度更快,运行速率更高;二是引入底部介电隔离技术,与普通浅槽隔离技术相比,绝缘性更好,漏电流更少,功耗更低;三是采用极紫外光刻技术,与之前的深紫外线光刻技术相比,良品率提高,成本降低。

2 纳米芯片的问世,进一步延续了摩尔定律,将更好地满足未来武器系统高性能和小型化需求。

二、美国开展现场可编程门阵列向专用集成电路设计自动转换技术研发

2021 年 3 月,DARPA 启动"自动实现应用的结构化阵列硬件"项目(图 2),旨在发展现场可编程门阵列设计向专用集成电路设计自动转换技术,进一步提高军用集成电路研发能力和性能水平。其关键技术:一是英特尔 10 纳米工艺,可使芯片性能比 14 纳米工艺芯片提升 20%;二是嵌入式多模互连桥封装技术,可将不同类型、不同工艺尺寸的小芯片灵活组合

图 2 "自动实现应用的结构化阵列硬件"项目

在一起，满足存储、处理、控制等应用需求；三是高级接口总线技术，可实现太字节每秒级别吞吐量；四是芯片安全技术，将安全措施集成于设计流程，防止木马等威胁植入。

该技术将使军用集成电路研发周期从 28 周缩短到 9 周，功耗降低 50%，工程成本下降 90%，并大幅提高运行速度、容量和安全性，有助于先进微电子系统更快速开发与部署。

三、英国研制出全球首个 32 位柔性微处理器

2021 年 7 月，英国 ARM 公司与 PragmatIC 半导体公司研制出全球首个 32 位柔性微处理器（图 3），其最小弯曲半径 3 毫米，具有外形薄、易弯曲、成本低等特点。柔性微处理器实际上是一个系统芯片，由处理器、存储器、互连结构、外部总线接口构成，处理器包括 32 位 Cortex – M 中央处理器和中断控制器，通过互连结构连接到存储器；存储器包括 456 字节只读

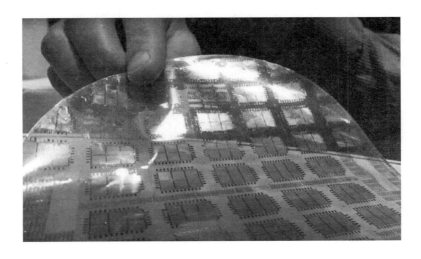

图 3　柔性微处理器

存储器和128字节随机存取存储器；互连结构用于中央处理器与内存的连接；外部总线接口用于输入、输出引脚进行片外通信。

该柔性微处理器容量比之前同类产品提高11.6倍，将为军用可穿戴设备、航空航天装备研制提供重要支撑。

四、美国开发出世界功耗最低的高速模数转换器

2021年5月，美国杨百翰大学开发出世界功耗最低的高速模数转换器（图4），其在10吉赫超宽带无线通信中功耗仅21毫瓦，比当前主流模数转换器功耗低两个量级，转换能效创下新的世界纪录。该芯片由通道模块、逐次逼近逻辑电路模块、时钟分配模块、模数转换模块组成，采样频率10吉赫。其关键技术：一是采用八重时间交织逐次逼近采样架构，使得底板寄生电容降至1/3，大幅降低功耗并提高运行速度；二是利用双自举采样开关，独立优化信号路径，提高采样速率，并大幅扩展采样范围。

图4　世界功耗最低的高速模数转换器

该高速模数转换器克服了模数转换效率与功耗无法兼顾的难题,与主流 28 纳米互补金属氧化物半导体工艺兼容,可大规模生产,有望大幅延长微小型无人装备、智能穿戴设备等系统的续航时间。

五、澳大利亚开发出世界速度最快的光学神经形态处理器

2021 年 1 月,澳大利亚斯威本科技大学展示了世界速度最快的光学神经形态处理器(图 5),它能够处理超大规模数据。该处理器基于生物视觉皮层系统启发式算法提取原始图像数据分层特征,可大幅降低参数复杂性,提高图像识别预测准确度。该加速器运算速度 11.32 万亿次/秒,较之前的单一光学处理器快 1000 倍;光电接口传输速率超过 60 吉波特,传输速率大幅提高。

光学神经形态处理器是实现单片集成光学神经网络的重要里程碑,它具有超强的运算处理能力,可执行海量数据机器学习任务,在实时视频识别、自动驾驶等领域发挥重要作用。

图 5 光学神经形态处理器

六、美国研制出存算一体深度神经网络系统

2021年1月,美国斯坦福大学在DARPA"电子复兴计划"支持下,开发出兼具数据存储与处理功能的深度神经网络系统(图6),其能够高速、低功耗地执行人工智能计算任务,预计3~5年内投入使用。该系统由8个计算芯片组成网络,每个计算芯片内均包含数据处理器、阻变存储器和静态随机存储器,可实现高带宽、低功耗的数据存取;每个计算芯片均可并行执行神经网络推理任务,且可根据计算任务类型,由调度算法快速唤醒或关闭,显著降低系统功耗,提高数据处理速度。

图6 存算一体深度神经网络系统原型

存算一体深度神经网络系统运行功耗极低,适用于类脑计算、虚拟现实、智能化系统等应用研究,并为高性能人工智能芯片发展提供了新的思路。

七、DARPA 启动神经形态红外照相机研发

2021年7月，DARPA 启动"基于快速事件的神经形态照相机和电子技术"项目，旨在通过模仿人类大脑处理信息的方式，研制神经形态红外照相机（图7）。目前最先进红外照相机可捕捉高分辨率图像，并非常精确地跟踪目标，但需要处理大量数据，因此耗费时间和能量。神经形态红外照相机采用模拟大脑功能的智能芯片，可忽略图像中不相关的部分，只捕捉变化的像素信息，使数据处理量仅为传统先进照相机的1/100，延迟和功耗均降至1/100。目前，雷声公司、BAE 系统公司和诺斯罗普·格鲁曼公司联合团队正在开发基于事件的红外焦平面阵列、异步读出集成电路及嵌入式处理系统、数字信号处理与学习算法，以智能识别并处理动态目标信息。

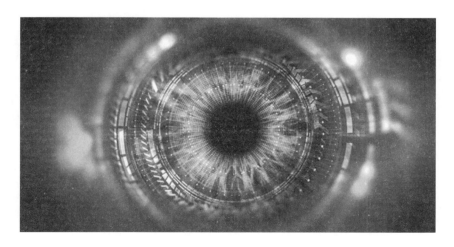

图7 神经形态红外照相机示意图

神经形态红外照相机集智能识别和处理于一体，可满足更多动态场景的应用需求，进一步提高红外搜索/跟踪平台、自主作战车辆、机器人等武

器系统作战性能。

八、美国研制出世界首个基于Ⅱ类超晶格的高增益长波红外探测器

2021年1月，美国西北大学利用砷化铟/锑化镓和砷化铟/锑化镓/锑化铝/锑化镓Ⅱ类超晶格的异质结光电晶体管结构和能带结构，研制出世界首个高增益长波红外光电探测器（图8），其具有高增益、低噪声和高探测率等特点。与碲汞镉和量子阱等红外材料相比，Ⅱ类超晶格材料具有高均匀性、低成本、能带结构可设计等优势，易于满足均匀大面阵、双色或多色集成等探测需求，成为制作新型长波红外探测器的首选材料。

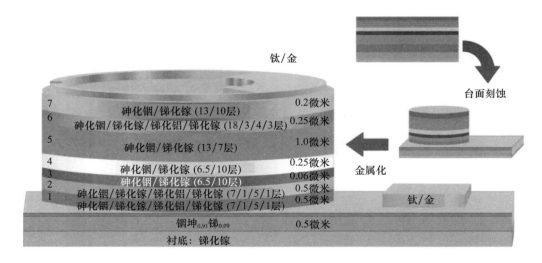

图8 Ⅱ类超晶格光电晶体管结构示意图

该技术表明利用Ⅱ类超晶格材料可设计制作高增益、超灵敏长波红外探测器，更好地满足遥感、夜视、光通信、热成像等军事应用需求。

九、美国开发出石墨烯集能芯片

2021 年 1 月,美国 NTS 创新技术公司研制出基于硅晶圆的石墨烯集能芯片(图 9),该芯片尺寸 12 毫米×12 毫米×3 毫米,功率 10 毫瓦,具有成本效益高、可扩展性强、易于批量生产等特点。石墨烯受环境热能影响时,将以波纹形式波动,产生机械能。研究人员基于该原理开发出石墨烯集能芯片,它能够捕获石墨烯的热运动,将运动生成的机械能转换为交流电,并通过二极管整流为直流电,实现供电。

石墨烯集能芯片的问世,标志着石墨烯能量搜集技术走向实用,其可用于航空、航天、深海等环境,实现传感器和小型电子设备自行供电。

图 9　石墨烯集能芯片

十、美国研制出 300 毫米金刚石晶圆

2021 年 7 月,美国阿克汉半导体公司展示全球首个 300 毫米互补金属氧化物半导体金刚石晶圆(图 10)。这是第三代半导体材料领域的重大突

破，将大幅提升集成电路性能。金刚石作为超宽禁带半导体材料，具有优异的物理性质和化学性质，包括更宽的禁带宽度、更大的电子迁移率、更高的导热率、更强的抗辐射能力，是制备高频、高功率、耐高温、低功耗集成电路的最佳候选材料，已成为国际竞争的热点。

图 10　300 毫米金刚石晶圆

300 毫米金刚石晶圆的问世，将大幅提升集成电路性能，有力推动超级计算机、先进雷达、通信和电子战系统、下一代航空航天系统的发展。

（国家工业信息安全发展研究中心　李耐和）

2021年军用电子元器件领域科技发展大事记

1月

美国开发出存算一体深度神经网络推理系统　在DARPA"电子复兴计划"的项目支持下,美国斯坦福大学开发出兼具存储与数据处理功能的存算一体深度神经网络推理系统。与存储分离处理器相比,该系统运行人工智能程序的速度提升7倍,能耗为1/7,非常适合用于类脑计算、虚拟现实、智能化系统等领域研究,将有效推动军事装备的信息化、数字化、智能化建设。

澳大利亚开发出速度最快的光学神经形态处理器　澳大利亚斯威本科技大学展示了世界上速度最快的人工智能光学神经形态处理器,其运算速度11.32万亿次/秒,比之前处理器快1000倍以上。光学神经形态处理器是实现单片集成光学神经网络的重要里程碑,它具有超快的运算处理能力,可作为神经形态硬件的通用超高带宽前端,执行海量数据机器学习任务,将在自动驾驶、实时视频识别等计算密集型应用中发挥重要作用。

西班牙开发出光学非易失性铁电存储器　西班牙巴塞罗那科学材料研

究所通过集成纳米技术和量子效应的光铁电材料创建出具有高性能和多功能特性的节能存储器件，并使用光以非易失性的方式让该器件达到存储信息的能力。该研究为光开关材料技术发展开辟了新的路径，新器件有望应用于神经形态视觉系统中。

韩国开发出带有铁电 3D NAND 闪存的高速存储器 韩国研究团队利用铪基铁电体材料开发出带有铁电 NAND 闪存的高速 3D 存储器，性能大大超越了常规闪存及钙钛矿铁电存储器。该研究为高密度 3D 技术的未来应用奠定了基础，进一步推动了铁电存储器技术的创新。

加拿大开发出基于束缚电荷工程的全新硅纳米线晶体管 加拿大麦吉尔大学的研究人员基于束缚电荷工程开发出一种全新硅纳米线隧道场效应晶体管。该设计方案显著提升了硅纳米线隧道场效应晶体管的性能，其应用包括纳米电子学和晶体管设计领域，以及分子电子学、电化学和人工光合作用等领域。

韩国研制出 57.8 吉赫超快脉冲激光器 韩国科学技术研究院研制出频率 57.8 吉赫的超快脉冲激光器，比当前最先进的脉冲激光器高出 1 万倍。这使高速率精确控制激光强度变化得以实现，从而将脉冲的重复速率提高到更高的水平。一旦该技术应用于数据通信，有望大幅提高数据传输和处理速度。

美国制作出世界首个基于 Ⅱ 型超晶格的高增益长波红外光电探测器 美国西北大学利用基于 Ⅱ 型超晶格材料的能带结构工程，制作出世界首个高增益长波红外光电探测器。该设计方案可使下一代长波红外光电探测器和焦平面阵列成像仪具有超高灵敏度，满足遥感、夜视、光通信、热成像、医学成像、地球科学等需求。

德国制作出可生物降解显示器 德国卡尔斯鲁厄理工学院开发出可生

物降解的印刷显示器，其生物降解性已经过独立办公室的检查和认证。这是首次展示由喷墨打印生产的可生物降解显示器，将为其他电子元件的可持续创新，以及生产生态友好型电子产品铺平道路。

以色列正在为美军研发光电集成代工工艺　在 DARPA"通用微型光学系统激光器"项目支持下，以色列托尔半导体公司正在研发硅基集成激光器的代工工艺。该工艺将结合高性能Ⅲ–Ⅴ激光二极管与托尔半导体公司 PH18 硅光电平台优势，实现当今无法从批量半导体或光子学代工厂获得的新产品，以满足国防应用和商业需求。

英、美联合开发出多功能镜片传感器系统　英国萨里大学、美国国家物理实验室、哈佛大学等单位利用二硫化钼晶体管，开发出一款多功能超薄隐形眼镜传感器系统，将给智能隐形眼镜带来革命性变化。

韩国研制出透明太阳电池　韩国仁川国立大学研制出完全透明的太阳电池，使超过 57% 的可见光透过电池层，将开启个性化能源新时代。

美国开发出石墨烯集能芯片　美国 NTS 创新技术公司完成基于硅晶圆的石墨烯集能电路开发，尺寸 12 毫米×12 毫米×3 毫米，功率 10 毫瓦，标志着石墨烯能量搜集技术走向实用。

2 月

瑞士研制出石墨烯–钙钛矿 X 射线探测器　瑞士洛桑联邦理工学院研究人员使用 3D 打印技术，制作出石墨烯–钙钛矿 X 射线探测器，其灵敏度比同类最佳医学成像设备提高 4 倍，创下新的纪录。石墨烯–钙钛矿 X 射线探测器可以很容易地集成到标准微电子设备中，从而大大提高医疗成像设备的性能。

欧盟实现基于石墨烯的光子器件的晶圆规模生产　英国剑桥大学剑桥

石墨烯中心、意大利全国电信大学校际联盟、意大利理工学院等欧盟石墨烯旗舰计划的合作伙伴联合推出基于石墨烯的光子器件的晶圆规模生产技术，标志着欧盟石墨烯旗舰计划再次取得重要突破，为基于石墨烯的光电器件的大规模生产铺平道路。

美国研究出生成单量子点的方法 在美国空军科学研究办公室和美国陆军研究办公室支持下，美国南加州大学研究人员证实，单光子可从精准排列的量子点上以均匀方式发射，并利用这种方法生成单量子点。这项研究成果意味着可以利用成熟的半导体处理技术制造出可扩展的量子光子芯片。

美国将启动新型行波管放大器技术研发 DARPA 微系统技术办公室发布"波形敏捷射频定向能"项目招标书，寻求对极端功率、宽带放大器和灵巧波形技术的创新研究和开发，目标是将高功率微波后门攻击的起效距离在当前技术水平基础上提高 10 倍，大大提升高功率微波武器的战场适应能力和实战化能力。该项目将对新型行波管放大器频率灵活性、波形调制、相位相干性提出更高要求。

3 月

美国启动现场可编程门阵列向专用集成电路设计自动转换技术研发 DARPA 启动军用现场可编程门阵列设计向专用集成电路设计自动转换技术研发，同时将安全措施技术集成于设计流程之中，以进一步提高军用集成电路研发能力和性能水平。该技术将使军用集成电路研发时间从 28 周缩短到 9 周，功耗降低 50%，工程成本下降 90%，并大幅提高其运行速度、容量和安全性，有助于美国国防部更快速、更经济地开发与部署先进微电子系统。

德国开发出可通过直接激光刻写技术制造高导电性微电子器件的新型光敏材料　德国凯泽斯劳滕工业大学和斯图加特大学开发出一种新型光敏材料,它能够通过直接激光刻写技术制造出高导电性微电子器件。该材料非常适合于制造导电三维微米级尺寸器件,将推动芯片集成技术进一步创新。

英国交付894纳米单模垂直腔面发射激光器　英国国家量子技术挑战赛资金支持下,英国TELDENYE E2V公司、英国国家物理实验室、约克大学合作,交付工作波长894纳米的单模垂直腔面发射激光器,它具有超高模式稳定性,满足高精度时钟需求。

4月

英伟达公司推出首款面向人工智能应用的数据中心CPU产品　美国英伟达公司研制出首款数据中心CPU产品。它是专为支持人工智能应用而设计的处理器,同时具有自然语言处理和人工智能超级计算两个功能,能够提供比DDR4内存系统高两倍带宽和十倍能效的存储能力,有望在新型超级计算机制造、气象预测和科学模拟等领域得到应用。

德国、西班牙开发出能控制石墨烯电子特性的类晶体管器件　由德国德尔斯顿－罗森多夫亥姆霍兹中心领导的研究团队开发出能控制石墨烯电子特性的类晶体管器件,其可通过较小电压控制通过石墨烯传输的电子信号强度和频率。该研究填补了石墨烯电信号处理和调制应用中非线性控制的"缺失环节",扩大了石墨烯材料创新技术的应用范围。

美国正在开发门控短波红外传感器　美国联合定向能转化办公室与Intevac光子公司签署价值700万美元合同,用于开发一款门控短波红外传感器,其将用于高能激光2D精细跟踪和自适应光学系统。

美国研制出 6 兆瓦 S 波段带状注速调管　美国万睿视成像公司、Klystronix 公司等研制出 6 兆瓦 S 波段带状注速调管，其不仅代表带状注速调管的最高功率水平，而且证明 TE 模式不会影响带状注速调管的正常运行。

俄罗斯研制出 0.5 太赫高性能回旋管　俄罗斯科学院应用物理研究所在太赫兹回旋管研究方面取得突破性进展，研制出连续波 0.526 太赫/240 瓦回旋管，以及脉冲 0.53 太赫/200 千瓦回旋管，它们分别代表同类回旋管的最高功率水平。

美国利用 3D 打印技术制造行波管高频结构组件　美国 SLAC 加速器中心、海军实验室等单位联合通过电子束熔化铜材打印制造行波管高频结构组件，产品性能接近达到原工艺水平，为未来真空电子器件的批量生产开辟道路。

法、意开发出全球首款 50 千赫 MEMS 陀螺仪　法国原子能委员会电子与信息技术实验室与意大利米兰理工大学合作，开发出全球首款工作频率 50 千赫的 MEMS 陀螺仪，比传统 MEMS 陀螺仪工作频率高 2 倍以上，甚至超过汽车、工业和航空等恶劣环境常见的振动频率。

美国开发出可模拟人类嗅觉的电子鼻原型　美国圣母大学开发出一款电子鼻原型，其使用纳米工程材料来调节气体传感器的灵敏度和选择性，以模拟人类的嗅觉系统，将用于检测空气污染物或温室气体，嗅探毒品和炸弹等。

爱尔兰制作出微型变色气体传感器　爱尔兰都柏林圣三一大学和爱尔兰科学基金会先进材料和生物工程研究中心利用高分辨率 3D 打印技术和新材料，制作出微型变色气体传感器。该传感器能够以较低成本实时监测气体，并用于智能家居、便携式设备、可穿戴设备之中。

5月

美国IBM公司发布世界首个2纳米芯片制造工艺 美国IBM公司发布世界首个2纳米芯片制造工艺。2纳米工艺芯片集成度高达3.33亿个晶体管/毫米^2，分别是台积电和三星3纳米制程芯片的1.3倍和1.6倍；与7纳米工艺芯片相比，同性能下功耗降低75%，同功率下性能提升45%。2纳米芯片制造工艺的问世，进一步延续了摩尔定律，将更好地满足未来军民领域高端芯片需求。

美国开发出世界最低功耗的高速模数转换器 美国杨百翰大学开发出世界上功耗最低的高速模数转换器芯片，其在10吉赫超宽带无线通信中功耗仅21毫瓦，比当前主流模数转换器功耗低两个量级，转换能效创下新的世界纪录。这款高速模数转换器彻底解决了模数转换高效能与低功耗无法兼顾的难题，可更好地满足通信、雷达、电子战等领域应用需求。

韩国开发出无需冷却的微测热辐射计 韩国科学技术研究院开发出一种无需冷却的微测热辐射计，能够在100℃环境工作，既降低成本，又扩大测温范围。与传统微测热辐射计相比，该微测热辐射计响应速度更快，灵敏度提高3倍，捕获图像能力提高约3倍（每秒可捕获100帧图像），可应用于智能手机和自动驾驶汽车。

美国发布首批量子图像传感器 美国Gigajot技术公司发布首批量子图像传感器：GJ01611和GJ00422，标志着固态成像新时代的到来。与传统小像素CMOS图像传感器相比，量子图像传感器读出噪声性能提高5~10倍，可实现前所未有的超低照度成像，适用于科学、医疗、国防、工业和航天等领域高性能成像。

美国正在开发可穿戴式射频武器攻击探测器 美国国防部正在推进

"可穿戴射频武器攻击探测器"项目,旨在研发低成本、低重量、小尺寸、可穿戴式定向能武器传感器,它具有成本极低、误报率极低、易读等特点。可穿戴射频探测器用于发射信号并记录射频能量的有害水平,使工作人员能够及时采取适当的防护措施,对射频辐射损伤进行可靠诊断,并作为确定战场威胁的重要情报资源。

美国设计出分级结构固态电池 美国哈佛大学设计了一种具有界面稳定性的分级结构固态电池,以实现超高电流密度下稳定循环,且无锂枝晶渗透现象发生。

德国、芬兰合成单原子厚新型碳材料 德国马尔堡大学和芬兰阿尔托大学合成出一种新型碳材料——联苯烯网络,它像石墨烯一样,仅一个原子厚,但原子结构和电子特性与石墨烯截然不同,其可以作为锂离子电池的正极材料。

美国开发出基于Arm Cortex-M7的新型抗辐射微处理器和微控制器 美国微芯科技公司推出一组基于Arm Cortex-M7的抗辐射新产品:SAM-RH71微处理器和SAMRH707微控制器。SAMRH71是第一款基于Cortex M7的抗辐射微处理器,提供高达200DMips的高处理能力,以及SpaceWire、MIL-STD-1553、CAN FD等高带宽通信接口。SAMRH707是一款抗辐射微控制器,提供高达100DMips的高处理能力,以及SpaceWire、MIL-STD-1553、CAN FD等高带宽通信接口、12位模数转换器和数模转换器功能。

韩国获得迄今最强激光脉冲 韩国基础科学研究所研究人员使用皮瓦激光器,获得迄今最强激光脉冲——强度高达10^{23}瓦/厘米^2,是此前记录的10倍。超高强度激光是许多科学领域的重要研究工具,包括探索极端条件下发生的新物理现象、光与物质之间复杂的相互作用,以及在实验室研究天体物理现象等。

6 月

美国开发出 M6 MRH25N12U3 抗辐射金属－氧化物半导体场效应晶体管 美国微芯片公司开发出 M6 MRH25N12U3 抗辐射金属－氧化物半导体场效应晶体管，该器件已获得商业航天和国防空间应用认证。

英国用石墨烯制造出超高密度抗磨损机械硬盘 英国剑桥大学用石墨烯制造出超高密度抗磨损机械硬盘，存储能力较传统硬盘大幅提升。该技术有望进一步推动存储技术发展，对大数据存储具有重要意义。

比利时开发出全功能集成叉片式场效应晶体管 比利时微电子研究中心展示了具有强短沟道控制能力的全功能集成叉片式场效应晶体管，其采用 300 毫米晶圆工艺线制造，栅极长度 22 纳米，N 型和 P 型场效应晶体管均包含两个堆叠硅沟道，短沟道控制能力与在同一晶圆上集成的垂直堆叠纳米片器件相当。该技术可大幅提高器件性能，为延续摩尔定律带来新的希望。

以色列研发出制造超薄晶体管器件的新技术 以色列特拉维夫大学设计出能将晶体管器件厚度减少到只有两个原子厚的新技术，这是将信息存储在已知最薄存储单元中的方法。该技术能够进一步提升计算机设备的储存效率，有望应用于未来先进计算机、探测器、能量存储和转换器开发，以及材料与光的相互作用研究。

美国开发出制造长度小于 100 纳米柔性原子薄型晶体管的技术 美国斯坦福大学发明制造长度小于 100 纳米柔性原子薄型晶体管的技术，其利用化学气相沉积工艺在实心硅晶圆上沉积一层原子厚度的玻璃薄膜，再将二维半导体材料二硫化钼覆盖在微小的纳米图案金电极上，从而实现在柔性塑料衬底上无法达到的电路图案化工艺分辨率。该技术为实现下一代新型超薄柔性电子产品研发奠定基础。

美国桑迪亚国家实验室利用异质集成技术研发出新型声电芯片 美国桑迪亚国家实验室利用异质集成技术将射频放大器、环行器和滤波器集成,研发出世界尺寸最小、性能最好的新型声电芯片。该芯片工作电压36伏,功率20毫瓦,可在0.2毫米^{3}空间内将信号强度提升100倍。该研究成果首次验证了可用声学技术实现通常需电子技术才能完成的功能。

韩国展示有机发光二极管皮肤贴片 韩国三星高级技术研究所发布一款可伸缩有机发光二极管皮肤贴片原型,其可承受高达30%的皮肤延伸,并且在1000次笔划后保持稳定。该技术将用于实时监测和可视化各种身体数据,并可作为健身监视器使用。

美国开发出新型全向深度传感器 美国捷普公司光学设计中心将定制光学组件与创新的主动照明方法相结合,开发出3D飞行时间全向深度传感器,视场360°×60°。与传统飞行时间摄像机相比,该全方位传感器的沉浸式视野允许无缝探测和跟踪机器人路径中的物体,提高避障能力。

美国发布HG4934太空MEMS速率传感器 美国霍尼韦尔公司发布HG4934太空MEMS速率传感器,可以更低成本和功耗提供高性能卫星导航。该传感器质量145克,体积约80厘米^3,功耗不足3瓦;与霍尼韦尔同类产品相比,质量降至1/32,体积缩至1/60,功耗约为1/5,且抗辐射性能更优,可用于国防、商业和科学应用等领域。

德国展示最高光电转换效率的砷化镓太阳电池 德国弗劳恩霍夫太阳能系统研究所展示了光电转换效率达68.9%的砷化镓太阳电池,这是迄今为止获得的最高光电转换效率。

美国研发出带硅阳极的锂离子电池 在美国国防部等机构支持下,

Nanograf公司研发出带有硅阳极的18650型圆柱形锂离子电池,其能量密度为800瓦时/升,创下锂电池行业新的世界纪录,将更好地满足军事装备、消费电子产品、电动汽车等需求。

美国推出首款抗辐射氮化镓功率晶体管　美国宜普电源转换公司推出首款抗辐射氮化镓功率晶体管EPC7014,其具有工作频率更高、效率更高、功率密度更大等特点,适用于商用卫星电力系统、航空电子设备、深空探测器等。

7月

英国研制出全球首个32位柔性微处理器　英国ARM公司与PragmatIC公司利用金属氧化物薄膜晶体管和柔性聚酰亚胺基底技术,研制出全球首个32位柔性微处理器,其最小弯曲半径3毫米,容量18334个等效与非门,将与柔性传感器、柔性显示器、柔性电路板一起,为武器系统研制提供更大灵活性,进一步促进航空、航天、单兵装备性能的提升。

德国开发出垂直有机晶体管　德国德累斯顿工业大学研究人员开发出垂直有机晶体管,有望将有机电子器件工作频率提升至吉赫范围。该技术将使得互补逆变器和环形振荡器为吉赫兹电子产品发展奠定基础,并推动高效、灵活和可打印电子产品的发展。

美国研制出300毫米金刚石晶圆　美国阿克汉半导体公司展示全球首个300毫米互补金属氧化物半导体金刚石晶圆。这是第三代半导体材料领域的重大突破,将给大幅提升集成电路性能提供新的路径,将有力推动超级计算机、先进雷达、通信和电子战系统、下一代航空航天电子装备的发展。

DARPA启动神经形态红外照相机研发　DARPA选择由雷声、BAE系统和诺斯罗普·格鲁曼公司联合开发神经形态红外照相机。该红外照相机基于异步运行模型，只捕捉/传输变化的像素信息，具有智能化、功耗低、传输效率高等特点，能满足更多动态场景的应用需求，进一步提高红外搜索/跟踪平台、自主作战车辆、机器人等武器系统作战性能。

美国研制出指尖能量采集装置 美国加州大学圣地亚哥分校开发出一种可从指尖汗水中获取能量的新器件。测试表明，在10小时睡眠、无需任何机械能量输入情况下，其收集了近400毫焦耳的能量，足以为电子表提供24小时电能。

8月

高通公司推出全球首个由5G和人工智能技术赋能的无人机控制处理器平台 美国高通技术公司推出全球首个由5G和人工智能技术赋能的无人机控制处理器平台。其采用高通QRB5165处理器及最新物联网技术，为推动下一代高性能、低功耗5G无人机发展提供解决方案。

美国拨款支持3000万亿瓦"宙斯"激光器运行 美国国家科学基金会拨款1850万美元，支持位于密歇根大学的3000万亿瓦"宙斯"激光器运行，预计2022年初开始第一次实验。该设施有助于理解宇宙如何在亚原子水平上运行、黑洞如何产生喷流、物质如何在极快的时间尺度上变化，还可用于医学成像和粒子加速器。

美国设计出带有超快"时间透镜"的量子秒表 美国科罗拉多大学设计出带有超快"时间透镜"的量子秒表，可用于计数单个光子，其精度比现有工具高100倍以上。该技术可大幅改进成像技术，适用于成像卫星及医疗诊断设备。

9 月

美国开发出超快低能耗柔性相变存储芯片 美国斯坦福大学开发出一种超快且节能的柔性相变存储芯片,其由纳米尺寸的超晶格存储材料层、孔隙单元和隔热柔性衬底组成,将在柔性衬底和刚性衬底上的编程电流密度分别降至 1/10 和 1/100,将推动相变存储器用于超快、极低能耗计算机制造。

西班牙和德国在室温下制造出二维材料自旋场效应晶体管 西班牙和德国雷根斯堡大学研究人员在室温下制造出二维材料自旋场效应晶体管,证明了在室温下双层石墨烯中没有磁场情况下的自旋进动。该研究为石墨烯范德华异质结构研究提供了有价值的理论参考,拓展了二维材料的应用范围,使节能自旋逻辑器件的实现成为可能。

英国开始量产石墨烯霍尔传感器 英国 Paragraf 公司开始批量生产石墨烯霍尔传感器,这是业界唯一一款可在极端温度(低于 3 开)下测量 7 特斯拉以上磁场强度的霍尔传感器,散热量仅为纳瓦级。这款低温传感器可直接在冷孔中测量,无需使用室温插入件,能够更快地收集高品质数据,可广泛用于超导、量子计算、高能物理、低温物理、聚变和空间领域。

美国研制出可快速检测新冠病毒的碳纳米管传感器 美国麻省理工学院使用专门的碳纳米管设计出一种新型传感器,可在没有任何抗体的情况下检测新冠病毒,并在 5 分钟内给出结果。

瑞士将柔性太阳电池光电转换效率提高到 21.4% 瑞士联邦材料科学与技术实验室研制出光电转换效率达 21.4% 的铜铟镓硒柔性太阳电池,创下新的世界纪录。未来,柔性太阳电池将用于屋顶、建筑立面、移动电子设备、飞机和地面车辆等平台。

以、美合作将可变电阻式随机存取存储器技术用于量产　以色列微比特纳米有限公司和美国天水技术公司达成一项协议，将可变电阻式随机存取存储器技术用于批量生产。天水公司打算将其作为公司130纳米互补金属氧化物半导体工艺的嵌入式非易失性存储器IP提供给客户。

10月

美国开发出空间光调制器　美国哈佛大学与华盛顿大学联合开发出一种简单的空间光调制器，向实现更紧凑、高速、精确的空间光调制器迈出重要一步。未来，空间光调制器将用于成像、虚拟现实、量子通信和传感等多个领域。

英国推出全球首个原生红色微型发光二极管显示器　英国剑桥大学制作出世界首款基于原生红色氮化铟镓的微型发光二极管显示器，其对角线尺寸1.40厘米，分辨率960×540像素。该技术突破将加速增强现实眼镜商业化进程，并为智能手机和智能手表等产品提供新的显示方案。

韩国推出堆叠式微型发光二极制造技术　韩国韩国永宇数字信号处理公司推出超细R/G/B堆叠微型发光二极光源及显示像素制造技术，具有省时降本的特点，将用于智能手表、汽车平视显示器和增强现实显示器等领域。

11月

美国海军启动下一代红外传感器研发　美国海军研究办公室向阿肯色大学拨款440万美元，用于开发下一代红外传感器。阿肯色大学将与美国海军水面战中心、半导体设备制造商Arktonics公司合作，设计和制造基于硅锗锡半导体材料的新型红外传感器，实现传感器阵列与互补金属氧化物半导体读出处理电路的集成，进一步提高美军夜视能力。

12 月

印度公布增强型蚀变铝离子电池 印度 Saturnos 公司公布增强型蚀变铝离子电池，其能量密度、寿命、安全性远超现有锂电池，标志着固态铝电池研发取得重要突破。一组 15 千瓦固态铝离子电池质量 565 千克，支持 1200 千米的电动汽车续航里程，并能持续至少 20000 次充放电循环，稳定寿命 15 年。

2021 年军用电子元器件领域战略规划

文件名称	《芯片和 5G 通信紧急拨款法案》		
发布时间	2021 年 6 月	发布机构	美国参议院
内容概要	根据该法案,美国政府将拨款 520 亿美元,用于芯片生产、军事及其他关键行业的相关项目,协助半导体制造业重返美国本土。其中,390 亿美元用于补贴未来 5~7 年内在美国建立 7~10 个芯片制造厂		
文件名称	《建立弹性供应链,振兴美国制造业,促进基础广泛增长:第 14017 号行政令下的百日审查》		
发布时间	2021 年 6 月	发布机构	美国白宫
内容概要	该报告由美国商务部、能源部、国防部和卫生与公众服务部联合撰写,对半导体、大容量电池、关键矿物和材料、药品及活性药物成分等 4 项关键产品的全球供应链进行了审查,分析了相关供应链的现状和潜在风险,并就加强供应链安全提出具体建议		

(国家工业信息安全发展研究中心 李耐和)

2021 年军用电子元器件领域重大项目清单

项目名称	主管机构	基本情况	研究进展	军事意义与影响
波形敏捷射频定向能	美国国防高级研究计划局	该项目旨在开发行波管放大器等硬件及快速计算电磁传播效应等软件技术，以扩展高功率微波武器系统实施后门攻击的射程与效能	2021年2月，美国国防高级研究计划局启动该项目目前 BAE 系统、雷声、伊庇鲁斯等公司正在开发相关技术，包括高功率微波行波放大器、定向能快速评估与电磁响应数值生成软件、敏捷波形技术等	该项目成果可解决高功率微波武器作用距离不够、效果不稳定等问题，大幅提升其战场适应能力和实战能力

续表

项目名称	主管机构	基本情况	研究进展	军事意义与影响
利用低噪声光子振荡器生成射频	美国国防高级研究计划局	该项目旨在利用微波光子技术优势，开发相位噪声性能满足或超过当前最佳离散振荡器模块的微波源	2021年3月，美国国防高级研究计划局启动该项目目前BAE系统、霍尼韦尔等公司正在开发光分频、集成光学和非线性光学等领域关键技术	该项目开发的光子振荡器尺寸不超过10厘米^3，工作频率1~40吉赫，具有极低相位噪声、紧凑外形尺寸、超宽带调谐能力和高环境适应性等优势，大幅提升下一代雷达、通信系统性能
自动实现应用的结构化阵列硬件	美国国防高级研究计划局	该项目旨在开发现场可编程门阵列设计向专用集成电路设计自动转换技术，进一步提高军用集成电路研发能力和性能水平	2021年3月，美国国防高级研究计划局启动该项目目前英特尔、佛罗里达大学、马里兰大学和得州农工大学正在开展相关技术研究	该项目成果将使军用集成电路研发周期从28周缩短到9周，功耗降低50%，工程成本下降90%，并大幅提高其运行速度、容量和安全性，有助于先进微电子系统更快速开发与部署

续表

项目名称	主管机构	基本情况	研究进展	军事意义与影响
低温逻辑技术	美国国防高级研究计划局	该项目旨在开发高性能、低温互补金属氧化物半导体鳍式场效应晶体管制造技术，以克服高性能计算面临的功率密度限制	2021年4月，美国国防高级研究计划局启动该项目研究重点：一是开发可在-196℃温度下工作晶体管和配套电路的集成制造技术；二是研究应对低温工作晶体管所面临技术挑战的相关解决方案	利用该项目成果，可制作低温工作的中央处理器，其性能/功耗将比目前室温运行的最新中央处理器提高25倍，为高性能计算提供重要支撑
阵元级紧凑型前端滤波器	美国国防高级研究计划局	该项目旨在为下一代宽带阵列开发新型可集成高频射频前端滤波器	2021年6月，美国国防高级研究计划局启动该项目研究重点是开发新型谐振器和可集成微波滤波器，解决滤波器尺寸、性能和可重复性优化问题	该项目成果可以解决复杂射频环境中宽带有源相控阵性能下降问题，增强军用微波与毫米波雷达、通信系统弹性

续表

项目名称	主管机构	基本情况	研究进展	军事意义与影响
基于快速事件的神经形态照相机和电子技术	美国国防高级研究计划局	该项目旨在开发和验证一种基于事件的低延迟、低功耗的神经形态红外照相机	2021年7月，美国国防高级研究计划局启动该项目目前雷声、BAE系统和诺斯罗普·格鲁曼公司联合团队正在开发基于事件的红外焦平面阵列、异步读出集成电路及嵌入式处理系统、数字信号处理与学习算法	神经形态红外照相机集智能识别和处理于一体，可满足更多动态场景的应用需求，进一步提高红外搜索/跟踪平台、自主作战车辆、机器人等武器系统作战性能

（国家工业信息安全发展研究中心　李耐和）

2021年军用电子元器件领域人物画像

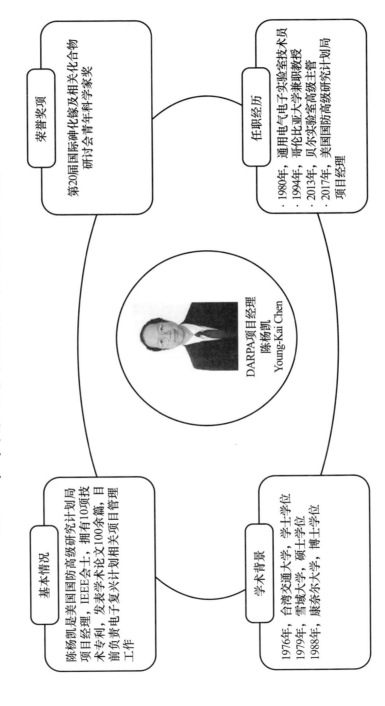

荣誉奖项
第20届国际砷化镓及相关化合物研讨会青年科学家奖

任职经历
- 1980年，通用电气电子实验室技术员
- 1994年，哥伦比亚大学兼职教授
- 2013年，贝尔实验室高级主管
- 2017年，美国国防高级研究计划局项目经理

基本情况
陈杨凯是美国国防高级研究计划局项目经理，IEEE会士，拥有10项技术专利，发表学术论文100余篇，目前负责电子复兴计划相关项目管理工作

学术背景
- 1976年，台湾交通大学，学士学位
- 1979年，雪城大学，硕士学位
- 1988年，康奈尔大学，博士学位

DARPA项目经理
陈杨凯
Young-Kai Chen

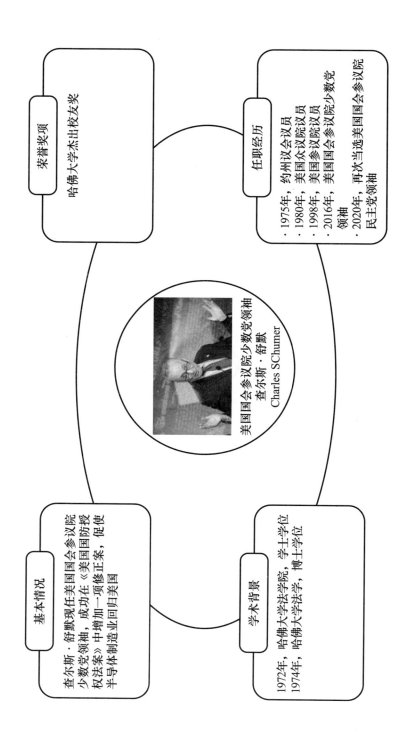

美国国会参议院少数党领袖
查尔斯·舒默
Charles SChumer

荣誉奖项
哈佛大学杰出校友奖

任职经历
- 1975年，纽约州议会议员
- 1980年，美国众议院议员
- 1998年，美国参议院议员
- 2016年，美国参议院少数党领袖
- 2020年，再次当选美国国会参议院民主党领袖

基本情况
查尔斯·舒默现任美国国会参议院少数党领袖，成功在《美国国防授权法案》中增加一项修正案，促使半导体制造业回归美国

学术背景
1972年，哈佛大学法学学位、学士学位
1974年，哈佛大学法学、博士学位

附录

高通公司总裁兼首席执行官 克里斯蒂亚诺·阿蒙 Cristiano R. Amon

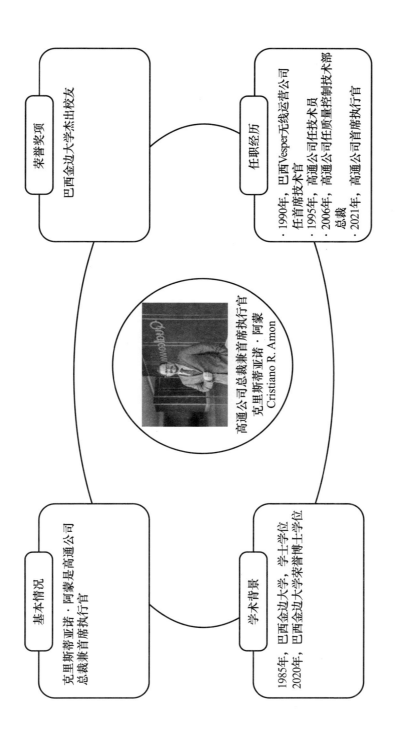

荣誉奖项
巴西金边大学杰出校友

任职经历
- 1990年，巴西Vesper无线运营公司任首席技术官
- 1995年，高通公司任技术员
- 2006年，高通公司任质量控制技术部总裁
- 2021年，高通公司首席执行官

基本情况
克里斯蒂亚诺·阿蒙是高通公司总裁兼首席执行官

学术背景
- 1985年，巴西金边大学，学士学位
- 2020年，巴西金边大学荣誉博士学位

军用电子元器件领域科技发展报告

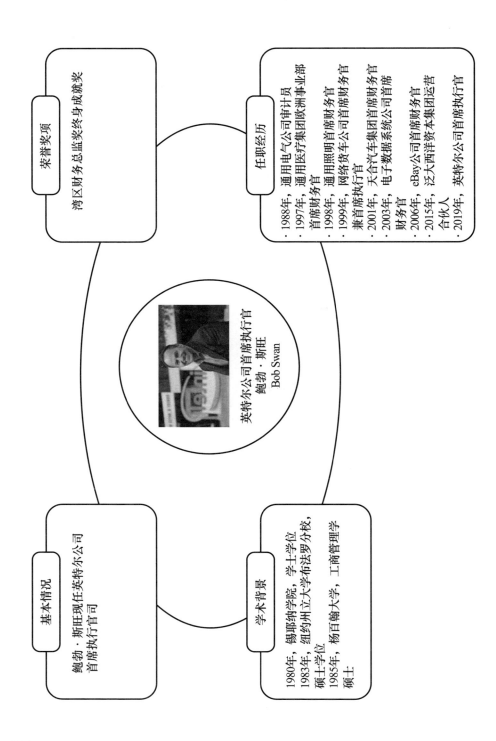

英特尔公司首席执行官 鲍勃·斯旺 Bob Swan

基本情况：鲍勃·斯旺现任英特尔公司首席执行官

学术背景：
- 1980年，锡耶纳学院，学士学位
- 1983年，纽约州立大学布法罗分校，硕士学位
- 1985年，杨百翰大学，工商管理学硕士

荣誉奖项：湾区财务总监奖终身成就奖

任职经历：
- 1988年，通用电气公司审计员
- 1997年，通用医疗集团欧洲事业部首席财务官
- 1998年，通用照明首席财务官
- 1999年，网络货车公司首席财务官兼首席执行官
- 2001年，天合汽车集团首席财务官
- 2003年，电子数据系统公司首席财务官
- 2006年，eBay公司首席财务官
- 2015年，泛大西洋资本集团运营合伙人
- 2019年，英特尔公司首席执行官

附录

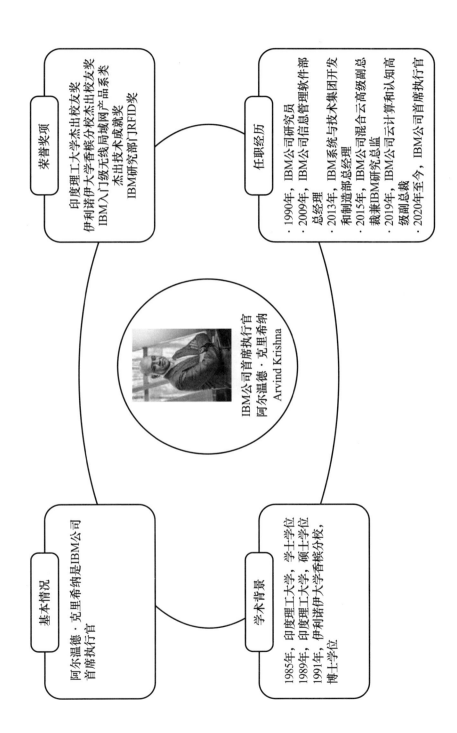

IBM公司首席执行官
阿尔温德·克里希纳
Arvind Krishna

基本情况
阿尔温德·克里希纳是IBM公司首席执行官

荣誉奖项
印度理工大学杰出校友奖
伊利诺伊大学香槟分校杰出校友奖
IBM入门级无线局域网产品系类杰出技术成就奖
IBM研究部门RFID奖

任职经历
· 1990年，IBM公司研究员
· 2009年，IBM公司信息管理软件部总经理
· 2013年，IBM系统与技术集团开发和制造部总经理
· 2015年，IBM公司混合云高级副总裁兼IBM研究总监
· 2019年，IBM公司云计算和认知高级副总裁
· 2020年至今，IBM公司首席执行官

学术背景
1985年，印度理工大学，学士学位
1989年，印度理工大学，硕士学位
1991年，伊利诺伊大学香槟分校，博士学位

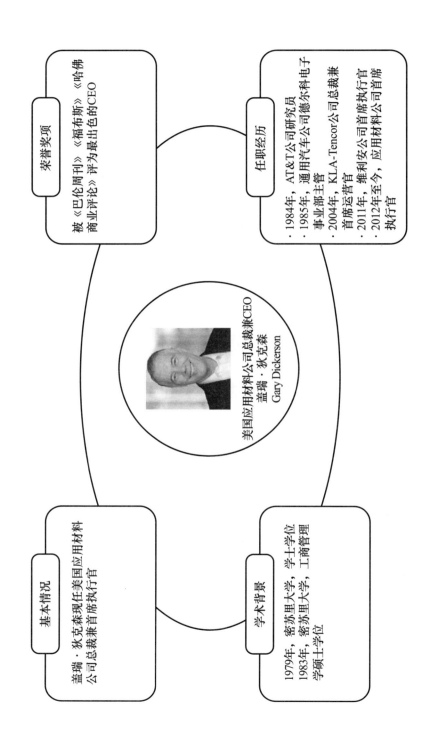

附录

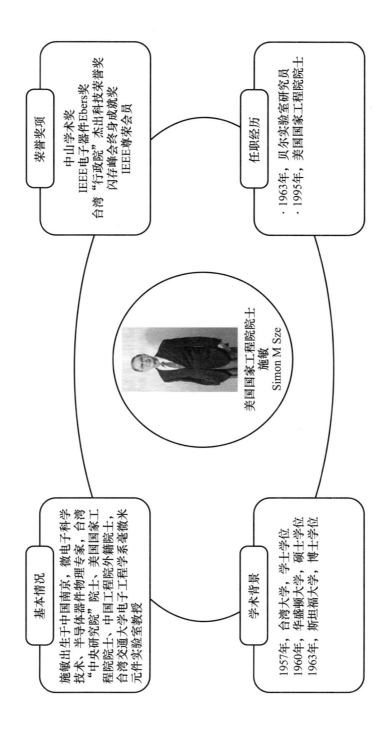

美国国家工程院院士
施敏
Simon M Sze

荣誉奖项
中山学术奖
IEEE电子器件Ebers奖
台湾"行政院"杰出科技荣誉奖
闪存峰会终身成就奖
IEEE尊荣会员

任职经历
- 1963年，贝尔实验室研究员
- 1995年，美国国家工程院院士

基本情况
施敏出生于中国南京，微电子科学技术、半导体器件物理专家，台湾"中央研究院"院士，美国国家工程院院士，中国工程院外籍院士，台湾交通大学电子工程学系暨微米元件实验室教授

学术背景
1957年，台湾大学，学士学位
1960年，华盛顿大学，硕士学位
1963年，斯坦福大学，博士学位

191

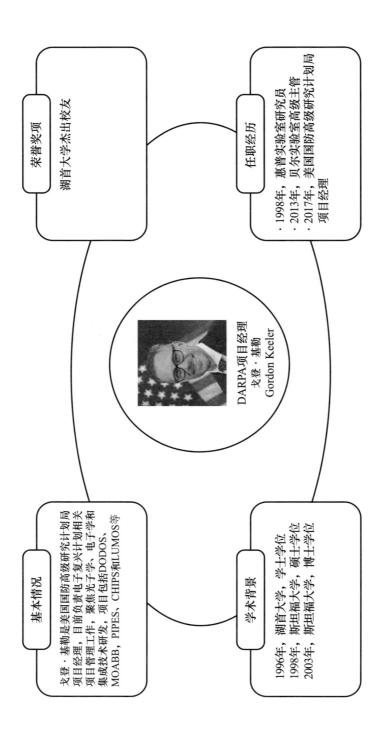

（国家工业信息安全发展研究中心　李铁成）